Stephan Schaar

hinhören um mitzureden

Stephan Schaar

hinhören um mitzureden

Protestantische Predigten

Fromm Verlag

Impressum/Imprint (nur für Deutschland/ only for Germany)
Bibliografische Information der Deutschen Nationalbibliothek: Die Deutsche Nationalbibliothek verzeichnet diese Publikation in der Deutschen Nationalbibliografie; detaillierte bibliografische Daten sind im Internet über http://dnb.d-nb.de abrufbar.
Alle in diesem Buch genannten Marken und Produktnamen unterliegen warenzeichen-, marken- oder patentrechtlichem Schutz bzw. sind Warenzeichen oder eingetragene Warenzeichen der jeweiligen Inhaber. Die Wiedergabe von Marken, Produktnamen, Gebrauchsnamen, Handelsnamen, Warenbezeichnungen u.s.w. in diesem Werk berechtigt auch ohne besondere Kennzeichnung nicht zu der Annahme, dass solche Namen im Sinne der Warenzeichen- und Markenschutzgesetzgebung als frei zu betrachten wären und daher von jedermann benutzt werden dürften.

Coverbild: www.ingimage.com

Contact:
International Book Market Service Ltd., 17 Rue Meldrum, Beau Bassin, 1713-01 Mauritius
Website: www.bookmarketservice.com
Email: info@bookmarketservice.com

Gedruckt in: USA, UK, Deutschland. Dieses Buch wurde nicht in Mauritius produziert.

Imprint (only for USA, GB)
Bibliographic information published by the Deutsche Nationalbibliothek: The Deutsche Nationalbibliothek lists this publication in the Deutsche Nationalbibliografie; detailed bibliographic data are available in the Internet at http://dnb.d-nb.de.
Any brand names and product names mentioned in this book are subject to trademark, brand or patent protection and are trademarks or registered trademarks of their respective holders. The use of brand names, product names, common names, trade names, product descriptions etc. even without a particular marking in this works is in no way to be construed to mean that such names may be regarded as unrestricted in respect of trademark and brand protection legislation and could thus be used by anyone.

Cover image: www.ingimage.com

Contact:
International Book Market Service Ltd., 17 Rue Meldrum, Beau Bassin, 1713-01 Mauritius
Website: www.bookmarketservice.com
Email: info@bookmarketservice.com

Printed in: U.S.A., U.K., Germany. This book was not produced in Mauritius.

ISBN: 978-3-8416-0158-2

Inhaltsverzeichnis

3. Sonntag nach Trinitatis, 1. Juli 2001, Ev. St.-Jakobi-Kirche , Perleberg

Liebe Gemeinde, wir wollen versuchen, uns in den nächsten Wochen darüber Rechenschaft zu geben, was es mit unserem Glauben auf sich hat.

Wir gehen ja in unserem Alltags-Sprachgebrauch nicht eben sorgfältig mit diesem wichtigen Wort um:

„Ich *glaube*, daß es heute noch regnen wird“, steht für: „Ich nehme es an.“

„Ich *glaube*, daß die Erde rund ist“, heißt: „Ich bin davon überzeugt.“

Was aber bedeutet dann: „Ich GLAUBE, daß Gott die Welt geschaffen hat“? Vermuten wir etwas, was wir *hoffen*, aber nicht sicher wissen? Gehen wir davon aus, daß etwas, das man nicht beweisen kann, dennoch so ist, wie behauptet wird?

Wir haben die Schöpfungsgeschichte gehört, mit der die Bibel beginnt.

In den USA wurde im vergangenen Jahrhundert noch erbittert darum gestritten, ob diese oder die darwinistische Erklärung für die Entwicklung der Arten in der Schule gelehrt werden soll.

Die einen sagten: „Wir wissen, daß die Welt nicht in sieben Tagen erschaffen wurde; so einen Unsinn kann niemand für wahr halten, so etwas zu lehren ist unverantwortlich!“

Die anderen aber hielten dagegen: „Wir sind überzeugt, daß das Geheimnis des Lebens nicht auf einem mehr oder weniger glücklichen Zufall beruht, sondern auf der gnädigen Allmacht des Schöpfers. Was wissen wir Menschen schon von den Möglichkeiten Gottes?!“

Liebe Geschwister, sich zu erklären, wie die Welt entstanden ist, ist keine Frage des *Glaubens*, sondern des Wissens. Das war übrigens auch den biblischen Schriftstellern bewußt. Deshalb haben sie sich in der Darstellung der Abfolge des Geschehens an die zu ihrer Zeit (ca. 2500 Jahre vor uns) verfügbaren Erkenntnisse gehalten.

Wenn man sich anschaut, wie vieles von dem biblischen Schöpfungsbericht mit heutigen Erklärungen übereinstimmt, kann man eigentlich nur staunen: Da ist vom himmlischen Chaos die Rede, das sich allmählich ordnet. Da wird vom Wasser als lebensnotwendig *und* lebensbedrohlich gesprochen. Man wußte, daß zuerst die Pflanzen dagewesen sein müssen, bevor die Tiere sich nach und nach zu immer höheren Lebensformen entwickelten, angefangen von den Wasserlebewesen und Kriechtieren hin zu den Vögeln, Säugetieren und schließlich dem Menschen.

Das alles war schon damals der allgemeine Wissensstand, dem wir heute gewiß etliche Verfeinerungen hinzuzufügen wüßten. Ich bin überzeugt: Müßte man die Schöpfungsgeschichte neu verfassen, dann schrieben die biblischen Autoren wahrscheinlich: „Am Anfang war der Urknall...“

Aber indem sie anders formulierten, blieben sie sich selbst treu. Die eigentliche Absicht ihrer Darstellung nämlich besteht nicht darin, bestimmte Erkenntnisse höher zu bewerten als andere, sondern sozusagen auf der Grundlage des schulischen Lehrstoffes GLAUBENSAUSSAGEN zu treffen.

Die wichtigste damals lautete: Es gibt keine Sonnen-, Mond- und Erdgötter, es gibt nur einen einzigen Gott, den Schöpfer und Herrn des Himmels und der Erde. Und es ist keine Frage der Willkür, ob es den Menschen wohl ergeht, ob es genug regnet, ob die Kinder gesund heranwachsen, sondern es ist Gottes Güte zu danken, wenn wir genug zu essen haben und von Überschwemmungen verschont bleiben.

Kein denkender Mensch dürfte je ernsthaft für möglich gehalten haben, daß Gott im Verlauf einer einzigen Woche all die Wunder seiner Schöpfung vollbracht hat.

Aber weil ER es ist, dem wir all das, was ist, zu verdanken haben, und weil er *nicht nur den Anfang gesetzt* und sich danach zurückgezogen hat, sondern weiterhin mit seiner Fürsorge und seinem Segen bei uns ist, deshalb vollzieht sich das Leben der Menschen in jenem Rhythmus, den er als heilsam gestiftet und einzuhalten bestimmt hat - mit einem Ruhetag nach sechs Tagen der Arbeit.

Die Erforschung der Erdgeschichte führt uns ebenso wenig wie eine Expedition ins Weltall dazu, Gott als den Schöpfer alles Lebendigen zu entdecken. Aber wer Gott, den Vater, als unseren gütigen Gott, der uns ernährt und erhält, kennengelernt hat, der bleibt ihm auch nicht gern das Bekenntnis eben dieses Glaubens schuldig.

Es ist also nicht die Kapitulation vor der Unmöglichkeit, sich die Welt verstandesmäßig zu erklären, es ist nicht ein Handeln nach der Devise: „Das kann man nicht wissen, das muß man eben glauben!“, wenn Luther in der Erklärung des 1. Glaubensartikels schreibt:

> Ich glaube, daß mich Gott geschaffen hat samt allen Kreaturen, mir Leib und Seele, Augen, Ohren und alle Glieder, Vernunft und alle Sinne gegeben hat und noch erhält; dazu auch Kleider und Schuh, Essen und Trinken, Haus und Hof, Weib und Kind, Acker, Vieh und alle Güter; mit allem, was not tut für Leib und Leben, mich reichlich und täglich versorgt, in allen Gefahren beschirmt und vor allem Übel behütet und bewahrt; und das alles aus lauter väterlicher, göttlicher Güte und Barmherzigkeit, ohn all mein Verdienst und Würdigkeit: für all das ich ihm zu danken und zu loben und dafür zu dienen und gehorsam zu sein schuldig bin.

Hier haben wir nun Gott, der aus väterlicher Güte handelt und daher all das, was ist, ins Werk gesetzt und uns gegeben hat. Das klingt beinahe so, als könne man aus der Fülle und Güte der Schöpfung den Schöpfer und in ihm den Vater-Gott erkennen.

Ich vermute aber nach dem, was ich über Luther gelernt habe, daß es nicht seine Absicht war, derartige Schlüsse zu fördern und also indirekt jene Leute zu bestärken, die dem Pfarrer erklären, sie gingen, statt in den Sonntagsgottesdienst, lieber in den Garten oder in den Wald, wo sie dem Schöpfer doch genauso nah seien, ja in gewisser Weise sogar noch näher...

Daß Gott unser Schöpfer ist, verrät uns die Schöpfung nicht; und daß er unser Vater ist, ergibt sich nicht aus seinem Schöpfungshandeln - eher ist es umgekehrt zu beschreiben. So antwortet der Heidelberger Katechismus auf die Frage: WAS GLAUBST DU, WENN DU SPRICHST: ICH GLAUBE AN GOTT, DEN VATER, DEN ALLMÄCHTIGEN, DEN SCHÖPFER DES HIMMELS UND DER ERDE? folgendes:

> Ich glaube, daß der ewige Vater unseres Herrn Jesus Christus um seines Sohnes willen mein Gott und mein Vater ist. Er hat Himmel und Erde mit allem, was darin ist, aus nichts erschaffen und erhält und regiert sie noch immer durch seinen ewigen Rat und seine Vorsehung. Auf ihn vertraue ich und zweifle nicht, daß er mich mit allem versorgt, was ich für Leib und Seele nötig habe, und auch alles Übel, das er mir in diesem Jammertal zuschickt, zu meinem Besten wendet. Er kann es tun als der allmächtige Gott und will es tun als der getreue Vater.

Weil wir seine Kinder sind, um die er sich trotz all unseres Ungehorsams liebevoll kümmert, *deshalb* können wir Gott unseren Vater nennen. Wir dürfen und sollen es tun, weil Jesus seine Jünger dazu ermutigt und auffordert, sich vertraulich und drängend im Gebet an Gott zu wenden und ihn als „Papa“ anzureden. Jesus spricht all denen, die den Willen des Vaters im Himmel tun, zu, daß sie alle Söhne und Töchter Gottes sind; denn so ist auch er selbst, Jesus, von Gott bei der Taufe als sein Sohn benannt und anerkannt worden.

Weil Gott sich in der Geschichte mit seinem Volk als der Allmächtige erwiesen hat, der Not wenden und Segen spenden kann, *deshalb* konnte dieses Volk ihn als einzigen Herrn anerkennen und schließlich als alleinigen Schöpfer des Himmels und der Erde begreifen.

Was am Anfang geschah, erschließt sich für uns im Rückblick zuletzt: Mit seinem Schöpfungshandeln legte Gott bereits den Grund, schuf er den äußeren Rahmen für den Bund, den er mit seinem Volk und letztlich mit allen Menschen schließen will.

Er gibt uns Raum zu leben, damit wir da sein - und damit zugleich vor ihm dasein - können, ihm antworten, und vor ihm verantworten.

Zu einer solchen Einsicht führt uns keine noch so exzellente Wissenschaft. Deshalb wird uns auch kein Biologe, der uns erklärt, wann Leben beginnt, die Verantwortung abnehmen können dafür, daß die Ehrfurcht vor Gott, die Ehrfurcht vor dem Leben selbst uns nicht gestattet, künstlich Leben zu erzeugen - und sei es für noch so edle Zwecke!

Kein Wirtschaftswissenschaftler wird uns plausibel machen können, weshalb es vernünftig sei, unsere natürlichen Lebensgrundlagen zu zerstören, damit der Wirtschaftskreislauf weiter zirkulieren kann.

Weder Politiker noch religiöse Eiferer vermögen uns davon zu überzeugen, daß es Menschen unterschiedlichen Wertes gebe - je nach ihrer Hautfarbe, ihrem Geschlecht, ihrem Glauben, ihrem Fähigkeiten und Neigungen.

Das alles ist *auch* - aber eben keinesfalls nur - eine Frage der Vernunft. Denn die Vernunft, die immerhin imstande ist zu erkennen, womit wir uns selbst Schaden zufügen, weiß nichts von der Verantwortung gegenüber unserem Vater im Himmel, der alle Menschen gleich geschaffen hat, der alle Geschöpfe liebt, der sich seinem Volk als mächtiger Befreier erwiesen und uns um Jesu Christi willen als seine Kinder angenommen hat.

Das ist nichts, was man „annehmen" oder „für wahr halten" könnte. Das ist Ausdruck eines Grundvertrauens auf Gott, das unser Halt ist im Leben und im Sterben. Nicht *Er*kenntnis ist das, sondern unser Bekenntnis, mit dem wir zu antworten versuchen auf die vielen Liebeserklärungen und Liebesbeweise, von denen die Bibel zeugt und die wir selbst tagtäglich erfahren.

Deshalb:

Ich glaube an Gott, den Vater - denn er läßt mich als sein Kind leben.

Ich glaube an Gott, den Allmächtigen - denn er befreit aus der Sklaverei.

Ich glaube an Gott, den Schöpfer - denn er hat alles, was ist, ins Leben gerufen, damit wir vor ihm im Frieden leben sollen.

Amen.

4. Sonntag nach Trinitatis, 8. Juli 2001

Liebe Gemeinde:

Die Herren der Welt kommen und gehen - unser Herr kommt.

Mit diesem Martin Niemöller zugeschriebenen Bekenntnissatz kann man zum politischen Engagement aufrufen, ebenso wie man auch zum Stillhalten aufrufen kann - was freilich auch eine Form von Politikmachen ist.

Ich bin Christ, weil ich dankbar teilhaben möchte an der Befreiungsgeschichte unseres Gottes. **Er** ist unser Herr und niemand sonst. Das galt und das gilt und wird gelten - und wir haben davon zu zeugen in Worten und Taten.

Niemand kann zwei Herren dienen. Deshalb wird das Bekenntnis zu Jesus Christus, unserem Herrn, nicht nur *möglicherweise* Loyalitätskonflikte nach sich ziehen, sondern es liegt geradezu in der Natur der Sache, daß es das tut.

Schon der Kyrie-Ruf der Alten Kirche war eine Art bewußter Provokation: Der sonst dem Kaiser gewidmete Huldigungsruf gebührt niemand anderm als unserem Herrn Christus, der uns befreit hat aus der Gottesferne und Todverfallenheit.

Ich glaube an Jesus Christus, Gottes Sohn, unsern Herrn.

Wenn wir diesen Satz des Glaubensbekenntnisses in den Mund nehmen, beziehen wir Position, grenzen wir uns ab und riskieren, von denen abgelehnt zu werden, die es allen recht machen, sich alle Optionen offen halten wollen.

In der Barmer Theologischen Erklärung heißt es in These I:

Jesus Christus, wie er uns in der Heiligen Schrift bezeugt wird, ist das eine Wort Gottes, das wir zu hören, dem wir im Leben und im Sterben zu vertrauen und zu gehorchen haben.

Punkt! Basta! Das ist's. Damit ist alles gesagt. Kompromisse kann es an einer solchen Stelle nicht geben. *Wer nicht für mich ist, der ist wider mich*, sagt Jesus.

Aber wie beim ersten Artikel des Glaubensbekenntnisses ist es auch hier so, daß wir die Reihenfolge eigentlich umkehren müssen, wenn wir den Weg zurückverfolgen möchten, auf dem wir zu dieser Glaubensaussage kommen.

Denn nicht etwa deshalb, weil Jesus aus Nazareth, geboren von Maria, der Frau des Josef, der aus dem Heiligen Geist gezeugte Sohn Gottes ist, verdient er unseren Respekt, unsere Ehrfurcht, unseren Gehorsam als unser Herr.

Es ist vielmehr so, daß Gott die Befreiungsgeschichte, mit der er sich seinem Volk schon so viele Male als einzig wahrer Herr und Gott erwiesen hatte, in neuer Weise fortschreibt.

Der Gott Abrahams, Isaaks und Jakobs, der Mose beruft, um sein erwähltes Volk in die verheißene Freiheit zu führen, der verspricht den verzagten und müden Menschen die

Aufrichtung seines Reiches auf Erden und einen Messias, einen Löser, der die Fesseln des Volkes abnehmen und sie in die Freiheit der Kinder Gottes entlassen wird.

Ich bin dein Gott, ich habe dich befreit - steht als Überschrift über den 10 Geboten. Gott verlangt und erwartet keinen Gehorsam um seines puren Gottseins willen. Vielmehr ist er in allem, was er tut, **unser** Gott und unser Befreier und deshalb zugleich unser Herr und Gebieter.

Zu diesem Herrn und Gott, zu diesem Vater im Himmel gehören um Jesu Christi willen auch wir, die vormaligen Heiden, die als solche verloren waren ohne Gott.

Die schon erwähnte Barmer Erklärung bringt das in ihrer zweiten These noch deutlicher zum Ausdruck:

Wie Jesus Christus Gottes Zuspruch der Vergebung aller unsrer Sünden ist, so und mit gleichem Ernst ist er auch Gottes kräftiger Anspruch auf unser ganzes Leben; durch ihn widerfährt uns frohe Befreiung aus den gottlosen Bindungen dieser Welt zu freiem, dankbarem Dienst an seinen Geschöpfen.

Wir verwerfen die falsche Lehre, als gebe es Bereiche unseres Lebens, in denen wir nicht Jesus Christus, sondern anderen Herren zu eigen wären, Bereiche, in denen wir nicht der Rechtfertigung und Heiligung durch ihn bedürften.

Es ist kaum möglich, liebe Gemeinde, diesen knappen, prägnanten Worten hochkarätiger Theologen etwas hinzuzufügen oder auch nur dasselbe anders zu sagen.

Ich meine, der Wortlaut der These selbst besagt im Kern, worum es beim Bekenntnis unseres Glaubens geht : Um einen Herrschaftswechsel nämlich.

Im Evangelium von Jesus Christus begegnet uns der absolute Herrschafts- und Gehorsamsanspruch Gottes.

Folgen wir der ersten Barmer These, ist dies ein Akt des Vertrauens und des Gehorsams. Ich meine jedoch, dem geht noch ein Schritt voraus: nämlich das Erkennen.

Wo *uns* frohe Befreiung aus den gottlosen Bindungen dieser Welt widerfährt, da spielt sich eine dramatische Konfrontation ab: die Gegenüberstellung einer Lebensorientierung an Nichtigem, deren Folgen die Schlagzeilen und Spitzenmeldungen im Fernsehen beherrschen, und unserer Lebensbestimmung, wie sie uns im Leben Jesu vor Augen gestellt wird.

Selbstverständlich sind nicht alle Bindungen dieser Welt "gottlos". Die Liebe zu unseren nächsten Angehörigen und fernsten Nächsten ist eine Gott wohlgefällige Entsprechung zu unserer Gottesliebe. Wir sind durch Gottes Gebot gewiesen, Vater und Mutter zu ehren, die Apostel erinnern an die wechselseitige Verantwortung der Generationen. Auch wenn sie Konflikte und Entscheidungsnöte mit sich bringen können, brauchen wir Bindungen an Menschen bei weitem nicht gottlos zu nennen - sofern sie uns nicht herausreißen aus unserer Bindung an Gott.

Gottlose Bindungen sind vielmehr Verhältnisse zwischen Menschen, bei denen es auf der einen Seite Gebundene gibt und auf der anderen Seite Menschen und Mächte, die Gott los sein wollen in ihrem Herrschaftsanspruch, die sich selbst an die Stelle Gottes setzen und ihren Nächsten nicht als Mitmensch, nicht als Gottes Geschöpf und Ebenbild betrachten, sondern als Manövriermasse zur Befriedigung ihrer egoistischen Interessen.

Das fängt leider manchmal mitten in den an sich Gott wohlgefälligen Bindungen und Beziehungen an, in Familien etwa, die von außen betrachtet intakt und dabei in Wahrheit für manches ihrer Mitglieder die Hölle sind.

Das geht weiter über die Anmaßung weniger, den Vielen Lohn und Brot zu geben oder zu verweigern, und reicht bis hin zur Klassifizierung von Menschengeschwistern als "Untermenschen" - eine Gefahr, die (wenn auch ohne diese Vokabel) unterschwellig noch immer und wieder neu droht.

In Jesus Christus soll nun Schluß sein mit diesen gottlosen Abhängigkeitsverhältnissen. Gott spricht uns die Vergebung all unserer Sünden zu, er erklärt uns einseitig für tauglich als Gottes Bundesgenossen. Er sieht nicht hin auf die Ichsucht, die uns voneinander und von ihm getrennt hat - das Nichtige, an das wir uns immer wieder binden, also letzten Endes den Tod: den hat er vernichtet.

Ein Machtvakuum aber gibt es nicht: Der uns losmacht von fremden Mächten, die letztlich das Leben zerstören, bindet uns nun an sich: Gott erhebt Anspruch auf unser ganzes weiteres Leben. Befreit sind wir nicht nur von, sondern auch zu etwas, und zwar zum dankbaren Dienst an seinen Geschöpfen. Für uns, die wir freiwillig gebunden sind an den, der uns losgemacht hat, tritt an die Stelle der ängstlichen Sorge um das eigene Wohlergehen und Weiterkommen die im Vertrauen auf Gottes Fürsorge gewachsene Mitsorge um das Wohl und Wehe unseres Nächsten.

Das aber bedeutet, daß mir die Verantwortung für ein glaubensgehorsames Leben von niemandem abgenommen werden kann und darf, wie es in dem Verwerfungssatz hervorgehoben wird.

Es gibt keinen Bereich unseres Lebens, in dem wir fremden Mächten zu eigen wären, heißt es da zur Abwehr einer mißverstandenen sogenannten "Zwei-Reiche-Lehre", die den Gehorsam, den Gott fordert, gewissermaßen aufspaltet und den äußeren Gehorsam - etwa als Staatsbürger - nur indirekt auf Gott bezieht. Man sei zu allererst schuldig, den von ihm gesetzten Obrigkeiten Gehorsam zu leisten, sagten jahrhundertelang die Theologen. Dann kann man, meinte Luther, mit gutem christlichen Gewissen Soldat sein oder Henker, das Töten zu seinem Beruf machen, solange alles nach Recht und Gesetz zugeht, wie es die weltlichen Herren festgelegt haben...

Dem entgegen ist unser einleitende Satz formuliert: *Die Herren der Welt* - oder die sich dafür halten und ausgeben - *kommen und gehen; aber unser Herr kommt.*

Gewiß: Wir sind in eine Spannung gestellt zwischen der Welt, wie wir sie vorfinden - einer Welt mit Waffenhandel und Bürgerkrieg, Arbeitslosigkeit und Kinderprostitution - und der neuen Welt, die Gott verheißen hat - einer Welt der Gerechtigkeit und Solidarität - dem Reich, das uns zukommt, auf das wir zugehen in der Nachfolge unseres Herrn und Heilands Jesus Christus.

Die sich zu Jesus Christus als ihrem Herrn bekennen, lehnen damit entschieden die Herrschaft von Geld und Gewalt ab und zeugen statt dessen davon und dafür, daß wir einen gnädigen Herrn haben, der uns zu Gottes Söhnen und Töchtern macht und also zu Geschwistern.

Deshalb verkündigen wir aller Welt Gottes Zuspruch und Anspruch und versuchen, dies im eigenen Lebensvollzug zu beglaubigen. Denn die einzige Bibel, die von den Menschen außerhalb der Kirche noch gelesen wird, das sind Menschen, sind jene leibhaftigen Zeugen, die bekräftigen, daß die Worte der Schrift von Heil und Leben wahr sind, wirklich sind unter uns.

Wir haben einen Herrn im Himmel, der dafür sorgt, daß wir nicht verloren gehen; deshalb folgen wir ihm dankbar. Denn seine Herrschaft ist Dienst, und ihm zu gehorchen ist Freiheit.

AMEN.

7. Sonntag nach Trinitatis, 29. Juli 2001

Liebe Gemeinde!

Wir denken seit Wochen über unser Glaubensbekenntnis nach und sind nun bald am Ende angekommen, heute zumindest schon beim Anfang des dritten Artikels:

ICH GLAUBE AN DEN HEILIGEN GEIST, DIE HEILIGE CHRISTLICHE KIRCHE, GEMEINSCHAFT DER HEILIGEN...

Um es gleich zu sagen: Viele Protestanten empfinden ein Unbehagen bei diesen Sätzen, weil sie der - allerdings irrigen - Meinung sind, hier sei davon die Rede, daß wir so „an“ die Kirche glauben, wie das in Bezug auf den Heiligen Geist ausgesagt wird.

Das kommt aber nur von der Kürze der Formulierung. Man tut gut daran zu unterscheiden zwischen „Ich glaube *an* den Heiligen Geist“ und „Ich glaube die heilige christliche Kirche“.

Der Heidelberger Katechismus antwortet auf die Frage: „WAS GLAUBST DU VON DER HEILIGEN, ALLGEMEINEN CHRISTLICHEN KIRCHE?“ folgendes:

ICH GLAUBE, DAß DER SOHN GOTTES SICH AUS DEM GANZEN MENSCHENGESCHLECHT EINE GEMEINDE ZUM EWIGEN LEBEN ERWÄHLT UND DAß ER SIE DURCH SEINEN GEIST UND SEIN WORT VON ANFANG DER WELT BIS ANS ENDE IN DER EINHEIT DES WAHREN GLAUBENS VERSAMMELT, SCHÜTZT UND ERHÄLT. ICH GLAUBE, DAß AUCH ICH EIN LEBENDIGES GLIED DIESER GEMEINDE BIN UND EWIG BLEIBE.

Also: Der Heilige Geist ist die Wirkkraft Gottes, mithilfe derer er Menschen zu sich und zueinander führt, um aus gottlosen Individuen lebendige Glieder jenes Leibes zu machen, dessen Haupt Christus ist.

Der Apostel Paulus hat den offenbar ziemlich zerstrittenen Christen in Korinth von der Verschiedenartigkeit der Gnadengaben, die Gott schenkt, geschrieben und ihnen zugleich eingeschärft, daß jedes noch so unscheinbar wirkende Körperteil am Leib Christi denselben Wert und die gleiche Wichtigkeit hat wie alle anderen.

Das ist die Theorie. Unsere Praxis sieht, wie wir wissen und erleben, leider anders aus. In der Glaubenslehre und nach den Worten des für uns alle maßgeblichen Glaubensbekenntnisses sind wir alle Schwestern und Brüder. In der für unsere Kirche gleichermaßen verbindlichen Theologischen Erklärung der Bekenntnissynode von Barmen - 1934 unter dem Eindruck und zur Abwehr nationalsozialistischer Irrlehre zustande gekommen - heißt es in These III:

DIE CHRISTLICHE KIRCHE IST DIE GEMEINDE VON BRÜDERN, IN DER JESUS CHRISTUS IN WORT UND SAKRAMENT DURCH DEN HEILIGEN GEIST ALS DER HERR GEGENWÄRTIG HANDELT. SIE HAT MIT IHREM GLAUBEN WIE MIT IHREM GEHORSAM, MIT IHRER BOTSCHAFT WIE MIT IHRER ORDNUNG MITTEN IN DER WELT DER SÜNDE ALS DIE KIRCHE DER BEGNADIGTEN SÜNDER ZU BEZEUGEN, DAß SIE ALLEIN SEIN EIGENTUM IST, ALLEIN VON SEINEM TROST UND VON SEINER WEISUNG IN ERWARTUNG SEINER ERSCHEINUNG LEBT UND LEBEN MÖCHTE.

WIR VERWERFEN DIE FALSCHE LEHRE, ALS DÜRFE DIE KIRCHE DIE GESTALT IHRER BOTSCHAFT UND IHRER ORDNUNG IHREM BELIEBEN ODER DEM WECHSEL DER JEWEILS HERRSCHENDEN WELTANSCHAULICHEN UND POLITISCHEN ÜBERZEUGUNGEN ÜBERLASSEN.

Nähmen wir diesen unseren selbstformulierten Anspruch ernst, kämen wir nicht umhin, auch die konkrete Gestalt, also die sichtbare Kirche stärker daran zu orientieren, was wir von der Kirche glauben.

Gewiß: Zu DDR-Zeiten war die evangelische Kirche in ihrem Umfeld insofern ein leuchtendes Beispiel, eine Art „Gegen-Öffentlichkeit", als hier demokratische Spielregeln praktiziert wurden, die im staatlichen Leben nur auf dem Papier existierten.

Doch auch in den synodalen Strukturen der protestantischen Kirche gab es und gibt es Menschen, die mehr Geltung beanspruchen und erhalten als andere - mithin dasselbe Spiel von Eitelkeiten, Rücksichtnahmen und Kompromissen wie sonst im Leben auch.

Und was schlimmer ist: Wie in unserer mammonistischen Wirtschaftsordnung, geht es auch in bezug auf kirchliche Strukturen anscheinend mehr und mehr nach materiellen Gesichtspunkten; das wird man womöglich nicht „beliebig" nennen können, wahrscheinlich aber als „der Sache wesensmäßig nicht angemessen" bezeichnen müssen.

Damit meine ich nicht, daß die uns geläufigen Organisationsformen der Kirche die einzig legitimen oder gar einzig denkbaren wären. Weder das beruflich ausgeübte Pfarramt (oder andere Dienste) noch die staatlich eingezogene Kirchensteuer zu deren Finanzierung sind ohne Alternative.

Ich habe im Gegenteil manchmal den Eindruck, daß Kirche dort näher dran ist an ihrer Urform, stärker im Einklang mit ihrer eigentlichen Bestimmung, wo sie nicht viel besitzt, was zu verwalten wäre, und wo sich Menschen je nach dem Vorhandensein bestimmter Gaben und Aufgaben an die konkrete Arbeit machen, die es zu bewältigen gilt - egal, ob da nun eine Pfarrerin, ein Diakon, eine Gemeindehelferin, ein Küster oder sonst ein „kirchlicher Mitarbeiter" vor Ort angestellt ist.

Aber das ist mühevoll und funktioniert in einer von Üppigkeit verwöhnten deutschen Kirchenlandschaft wohl nur in Ausnahmesituationen, während es in unserem Nachbarland Frankreich durchaus auf Dauer so gehen kann.

Da mag der Pfarrer selbst sich bemühen, patriarchale Dominanz des Amtsträgers abzubauen - sogleich finden sich Kritiker, die ihm „Führungsschwäche" attestieren, weil sie eben nicht diskutieren und entscheiden, sondern lieber mitmachen oder murren möchten.

Der Trend, so scheint mir, geht unter dem hehren Vorzeichen ökumenischer Öffnung wieder hin zu einem stärker hierarchisch gegliederten Amt, dem entsprechende Autorität zugesprochen wird.

Hier ist es angezeigt, auf die These IV der schon zitierten Barmer Erklärung hinzuweisen, in der es heißt:

DIE VERSCHIEDENEN ÄMTER IN DER KIRCHE BEGRÜNDEN KEINE HERRSCHAFT DER EINEN ÜBER DIE ANDEREN, SONDERN DIE AUSÜBUNG DES DER GESAMTEN GEMEINDE ANVERTRAUTEN BEFOHLENEN DIENSTES.

WIR VERWERFEN DIE FALSCHE LEHRE, ALS KÖNNE UND DÜRFE SICH DIE KIRCHE ABSEITS VON DIESEM DIENST BESONDERE, MIT HERRSCHAFTSBEFUGNISSEN AUSGESTATTETE FÜHRER GEBEN ODER GEBEN LASSEN.

Damit war damals nicht der Papst, sondern der vom Staat verordnete „Reichsbischof" gemeint.

Mag es auch sinnvoll sein, Repräsentanten zu finden, die sich als Sprecher gegenüber der Öffentlichkeit (auch in den Medien) eignen oder in politischen Fragen Verhandlungen zu führen vermögen - auch diese Ämter sind nichts anderes als Dienste zum Wohl des Leibes Christi, der die Kirche ist.

Und schließlich ist diese Gemeinschaft ja auch nicht um ihrer selbst willen da. Von Dietrich Bonhoeffer stammt der Gedanke, daß die Gemeinde der heute leiblich existierende Christus ist. Das mag - auf die real vorfindliche Kirche gesehen - eine Zumutung sein; aber es ist eine Zumutung, die von biblischen Aussagen wie dem Schatz in irdenen Gefäßen gedeckt ist.

Doch ich gehe davon aus, daß auch Bonhoeffer stärker an die *geglaubte* Kirche gedacht hat, daß es ihm darum ging, von deren Würde und Auftrag als der Gemeinschaft der Heiligen zu sprechen.

„Heilige" - das ist ja auch so ein belastetes Wort, mit dem wir Protestanten erst wieder unbefangen umzugehen lernen müssen, indem wir es von der unzulässigen Verengung befreien, die ihm von Seiten der katholischen Kirche zuteil geworden ist.

Heilige sind nämlich nicht nur besonders verdiente Leute, sozusagen „Helden des Glaubens". Heilige sind nach dem Sprachgebrauch des Neuen Testaments alle Christenmenschen. Denn des Heils teilhaftig sind alle, die da glauben und getauft sind, all die gerechtfertigten Sünder, die sich nun um ein Leben in der Heiligung bemühen und sich senden lassen in den Alltag der Welt, um als Gehilfen der Freude zu wirken, indem sie die Frohe Botschaft der Liebe Gottes allem Volk ausrichten.

Das geschieht, mit dem Maßstab des Augsburger Bekenntnisses gemessen, überall dort, wo das Evangelium lauter verkündigt und die Sakramente sachgemäß gehandhabt werden.

Das ist sicher korrekt - wenn auch vielleicht zu eng gefaßt. Denn zu den Zeugnissen christlichen Glaubens, Hoffens und Liebens gehört zumindest auch die DIAKONIE, die konkrete Hinwendung zu Menschen in Not - und zwar auf allen Ebenen des individuellen und des gesellschaftlichen Lebens.

Also: Kindergarten und Krankenpflege, ebenso aber auch Kriegsdienstverweigerungsberatung sind Handlungsfelder der Gemeinde, die im Tun ihren Herrn bekennt.

Altenbetreuung, AIDS-Hilfe und Asyl - so unterschiedlich wie die Menschen und ihre Lebenssituationen ist auch die konkrete Gestalt der Nächstenliebe.

Da bleibt es natürlich auch nicht aus, daß man sich streitet, wo die Grenzen christlichen Dienstes anzusetzen sind. So notwendig das ist, halte ich es für problematisch, wenn man den gesellschaftlichen Bereich zum Maßstab macht - so als wäre der Protest gegen die Zerstörung der Schöpfung oder die Verelendung der Armen dann nicht mehr christlich geboten, wenn staatliche Gesetze dem einen Riegel vorschieben möchten.

Nein, dann sollte man sich doch besser an der Frage orientieren: „Was hätte Jesus jetzt getan?“ Oder: „Was würde Jesus dazu sagen?“

Denn darum hat es uns doch zu gehen: Seine Botschaft auszubreiten in Worten und Werken, um möglichst viele andere zu erreichen mit der Einladung: Auch du bist berufen, ein Kind Gottes zu sein, ein Glied am Leib Christi, ein Miterwählter, ein Bruder, eine Schwester, eine „Heilige“, deren Leben nicht verloren geht, sondern des ewigen Lebens teilhaftig wird, weil Gott in Christus dich berufen hat durch seinen Heiligen Geist, der dir den Glauben schenkt, dir Hoffnung gibt und dich in Liebe leitet.

(AMEN.)

18. Sonntag nach Trinitatis, 9. Oktober 1993, Ev. Heilandgemeinde, Berlin-Moabit

Liebe Gemeinde, ich habe eben die Verdeutschung Martin Bubers für den ersten Psalm gewählt, weil ich ihn ein wenig herausheben wollte aus unserer gottesdienstlichen Gewohnheit, die Psalmen - im Wechsel oder auch vom Altar aus allein - zu beten.

Der erste Psalm - unzählige Übersetzungsversuche und Übertragungen existieren davon - soll uns heute nämlich noch näher beschäftigen; deshalb verlese ich ihn abermals, und zwar in der Übersetzung des bekannten Alttestamentlers Hans-Joachim Kraus:

Glücklich der Mann, der nicht im Rat der Frevler wandelt,
nicht auf dem Weg der Sünder steht,
auch nicht im Kreis der Spötter sitzt; -
hingegen Lust an Jahwes Weisung hat
und seine Tora lesend vor sich hinspricht Tag und Nacht.

Der gleicht einem Baum,
gepflanzt an Wasserläufe,
der stetig seine Frucht erbringt
und dessen Blätter nicht verwelken.

[Was er auch tut, vollführt er glücklich.]

So sind die Frevler nicht, nein,
vielmehr wie Spreu, die Wind verweht.

Drum können Frevler nicht in dem Gericht bestehen,
die Sünder nicht in der Gemeinde der Gerechten.

Denn Jahwe weiß um der Gerechten Weg,
doch ins Verderben führt der Frevler Wandel.

Nun soll über diesen Psalm, der ja sonst *gebetet* wird, *gepredigt* werden, und ich bin mir nicht sicher, liebe Schwestern und Brüder, ob mir dies gelingt; denn ein Reden *zu* Gott hat ja einen ganz anderen Charakter als ein Reden *von* Gott.

Einen Versuch jedoch ist es wohl wert; ich möchte einfach mal den Gedanken des Psalmbeters meine eigenen folgen lassen oder aber, wo es sein muß, ihnen fragend begegnen.

"Frevel" - was für ein furchtbares Wort, für uns sogleich mit moralischer Abwertung verbunden. Glücklich kann sich schätzen, wer seinen Lebensweg nicht auf die Ratschläge von Menschen aufbaut, die ganz andere Ziele vor Augen haben als das Gute, dem Menschen Dienende und Gott Wohlgefällige. Das kann ja nur schlimm ausgehen. Werden hier die Nachwachsenden gewarnt oder bei einer Art "Goldener Konfirmation" die treu Gebliebenen gelobt? - Ich kann es nicht sagen. Jedenfalls ist im ersten Vers noch gar nicht an konkrete Handlungen gedacht, die sich als falsch erweisen ließen, sondern hier wird betont, daß eine Vorentscheidung über das weitere Wohl und Wehe bereits dort fällt, wo man sich in guter oder schlechter Gesellschaft befindet. "Frevler" sind für den Psalmbeter solche Leute, die von Gott nichts wissen wollen, die sich für ihr Leben andere Orientierungen gesucht haben.

Vielleicht sollten wir doch lieber - wie die Zürcher oder Lutherübersetzung - von "Gottlosen" sprechen, von Menschen also, die in ihrem Inneren Gott los-geworden sind, die sich nur noch nach dem richten, was ihnen von sich aus einleuchtet - "Atheisten", sind wir versucht zu sagen; aber das klingt mir zu sehr nach Etikett, nach Selbstverständnis und Glaubensbekenntnis. Wissenschaftsgläubigkeit, Horoskophörigkeit und ich weiß nicht, was noch, wäre in unserer Zeit zu erwähnen als im Lebensvollzug sich auswirkende Grundentscheidungen - wohl dem, der dagegen die richtige Grundlage gewählt hat und dann auch dabei bleibt!

Denn sonst verirrt man sich auf seinem Lebensweg, findet sich in der Gesellschaft von Menschen, die womöglich das Gute wollen, aber doch nur Schlechtes zuwege bringen. Paulus erinnert daran, daß man aus sich heraus immer wieder in diesen Teufelskreis gerät.

Dem Psalmbeter geht es nicht so sehr darum, das verworfene Tun zu vermeiden, weil damit vor Gott Schuld angehäuft würde; er sieht viel unmittelbarer den Zusammenhang zwischen dem rechten Tun und dem Wohlergehen, nämlich in seiner Auswirkung auf seine jeweilige Umgebung. Ein Betrüger mag durchkommen, ohne ertappt zu werden; aber niemals wird er jenes Vertrauen haben können, das er bei anderen gerade mißbraucht. Einem streitsüchtigen Menschen mag es gelingen, seine Interessen durchzusetzen; aber er wird nicht in Frieden leben können. Glücklich kann sich da schätzen, wer nicht in den Strudel hineingerät, daß ein Unrecht das nächste nach sich zieht - wohl dem, der nicht steht auf dem Weg der Sünder!

Die Alternative aber besteht auch nach Luthers Erkenntnis, wir seien "Gerechte und Sünder zugleich" nicht darin, sich aus allem heraus zu halten, was Parteinahme erfordert und das Risiko des Irrtums in sich trägt. Egal, ob man sich dabei auf die Kraft des Intellekts oder die Weisheit des Alters beruft, der Psalmbeter brandmarkt einen Zynismus, der seelenruhig zusieht, wie die von Frevlern beherrschte Welt auf den Abgrund zugetrieben wird.

Im Kreise der Spötter, so möchte ich ergänzen, sehe ich uns dann und wann alle sitzen, wann immer wir mit den Schultern zucken und sagen: "So ist der Welt Lauf!", wann immer wir "denen da oben" erst alles überlassen und dann die Schuld für unsere Misere in die Schuhe schieben. - "Politikverdrossenheit", dieses im Schwange stehende Schlagwort, meint ja doch Gleichgültigkeit gegenüber **meinen ureigenen Interessen**, die ich nicht Gott befehle - das wäre dann nämlich mit inniger Klage, Bitte und Fürbitte verbunden -, sondern wie ohnmächtig denen überlasse, die dadurch erst recht mächtig werden...

Wie ein Baum am Wassergraben, so meint unser Psalmist, ist ein Mensch, der seinen Lebensdurst an jener Quelle löscht, aus der wahres Leben strömt. Wie viele mögen ihm da widersprechen - nicht nur Spötter, sondern wohl auch Hiob, der Fromme! Es läßt sich doch gar nicht beobachten, daß das beständige Streben etwa eines treuen Christenmenschen tatsächlich gekrönt würde mit dem Ertrag seines Lebenswerkes. "Früchte bringen" wie uns das vorschwebt, ist nicht dem garantiert, der in der Bibel Halt und Trost und Orientierung sucht. Und daß die Frevler, wie hier behauptet, keinen Bestand haben, läßt sich ebenfalls vom Augenschein her leugnen. Nicht geehrt als rechtschaffen, sondern verspottet als zu blöd wird unter uns, wer sich nicht mit Tricks und Ellenbogen Vorteile zu verschaffen weiß, sondern dem andern zubilligt, was er selbst beanspruchen zu dürfen meint.

Gewiß: der Weisheitslehrer, der im Psalm spricht, läßt uns wissen, daß am Ende unseres Weges entschieden wird, ob wir uns selbst verloren haben im "Haschen nach Wind", oder ob wir im Gehorsam den Weg des Lebens gefunden haben und so selbst nicht verloren sind, sondern geborgen in Gottes Hand.

Aber - so sympathisch auch mir diese Rede vom jenseits bereitstehenden Trost und dem Ausgleich für erlittenes Unrecht ist -, ich denke, auch für dieses Leben, für das **Leben <u>vor</u> dem Tod** hat uns der Psalmdichter etwas zu sagen, das mehr ist als schöner Schein über einem trüben Alltag.

Wörtlich übersetzt, steht im Vers 5: Frevler können nicht ins Gericht kommen. Das befremdet zunächst, da sie doch wohl zu allererst dorthin gehören, meinen wir. Aber es ist eben nicht von Gottes endzeitlichem Gericht die Rede, sondern von dem Ort, in dem sich unter den Menschen die Bewährten herausstellen: die Sünder bestehen nicht in der Gemeinde der Gerechten.

Ist Ihnen bewußt, was uns damit zugesagt und an Verantwortung zugetraut wird? Die Gemeinde der Gerechten - weiß Gott keine makellosen “Heiligen”, aber doch Menschen mit "Lust an Seiner Weisung" - bewahrt, was Bewährung bringt vor Gott und den Menschen. Und zwar nicht nur, indem sie die alten staubigen Bücher wieder und wieder aufschlägt und deren Anspruch an uns weiter behauptet; sondern indem sie - zeichenhaft und unvollkommen - selbst nach Seiner Weisung lebt und damit wahr-macht, daß Leben, wie Gott es **für uns** will, möglich ist. Salz der Erde - Licht für die Welt; ich denke, daß wir und andere davon durchaus einiges spüren in der Heilandsgemeinde.

So schließe ich diesen vorläufigen Gedankengang ab mit einer Psalmübertragung, die die Kirche als ganze an die Stelle setzt, an der zunächst der glücklich gepriesene Fromme gestanden hat:

Glücklich die Kirche,
die nie aufhört zu fragen,
die nie aufhört zu suchen.

Glücklich die Kirche,
die sich selbst in Frage stellt,
die über sich selber lächeln kann.

Glücklich die Kirche,
die Freiheit verbreitet aus ihrem Glauben,
die Freude ausstrahlt aus ihrem Leben.

Glücklich die Kirche,
die den Menschen neu Zuversicht schenkt,
die den Frieden und die Gerechtigkeit in die Tat umsetzt.

Glücklich die Kirche,
die ein Ort der Menschlichkeit ist in einer unmenschlichen Welt -
sie könnte selber Modell sein für eine gute Zukunft.

Glücklich die Menschen dieser Kirche -
sie brauchen keine Angst zu haben,
von Gott und den Menschen verlassen zu sein.

AMEN.

Altjahrsabend, 31. Dezember 1995

Liebe Schwestern und Brüder, wir reden zwar von der Zeit "zwischen den Jahren", meinen aber eigentlich den Zeitraum zwischen zwei Festen - Weihnachten und Neujahr.

Am heutigen "Sonntag nach Weihnachten" ist zugleich "Altjahrsabend"; und da wir **einen** Gottesdienst für beide Anlässe zusammen feiern, habe ich weder den für den Morgen, noch den für den Abend vorgeschlagenen Predigttext bearbeitet, sondern einen anderen ausgewählt, der - so meine ich - in beide Situationen spricht.

Ich lese Psalm 2:

Wozu toben Heidenvölker und Nationen murmeln - ins Leere!

Könige auf Erden erheben sich und Gewalthaber rotten sich zusammen gegen Gott und seinen Gesalbten: "Laßt uns ihre Fesseln zerreißen und ihre Stricke von uns werfen!"

Der im Himmel sitzt, lacht, mein Herr spottet über sie.

Einst redet in seinem Zorn er zu ihnen, verstört sie in seinem Entflammen. "Ich selber habe meinen König eingesetzt auf dem Zion, meinem heiligen Berg!"

Kundtun will ich die Setzung meines Herrn: Er hat zu mir gesprochen: *Mein Sohn bist du, selber habe ich heute dich dazu gemacht. Fordere von mir, und ich gebe dir Heidenvölker zum Erbe, zu deinem Eigentum die Enden der Erde. Du magst sie zerschlagen mit eisernem Stab, wie Tonkrüge sie zerschmeißen.*

Und jetzt, Könige, kommt zur Einsicht, laßt euch warnen, ihr Richter der Erde!

Dient Gott mit Furcht und Zittern. Rüstet euch mit Läuterung, daß er nicht zürnt und ihr verloren seid auf dem Wege; denn es entbrennt über ein kleines sein Zorn.

Glücklich alle, die Zuflucht suchen bei ihm!

Auch dieser Text, liebe Gemeinde, - so fremdartig und in Teilen drohend er sein mag - ist **Evangelium**; und zwar nicht nur jene Verse, die wir bereits zu Weihnachten hörten.

DIE LETZTEN Worte unseres Psalms SOLLEN DIE ERSTEN der Predigt SEIN:

Glücklich alle, die Zuflucht suchen bei ihm! Wenn auch die Londoner Börse kracht und von Atomtests der Südpazifik erbebt - **Gott** ist es, der alle Macht hat im Himmel und auf Erden; und **der** ist gut dran, der dies erkennt und *an*erkennt und *be*kennt und beherzigt. Doch dazu später.

Ich habe mir einige Worte unterstrichen, um sie hervorzuheben. Aber ich habe sie beim Verlesen noch nicht betont - die auffälligen Parallelen und Anspielungen auf den ersten Psalm:

Glücklich der Mann, der nicht ... **sitzt**, wo die Spötter sitzen, heißt es dort; hier ist es **Gott**, der **im Himmel sitzt** und spottet, und zwar über die Anmaßung der Könige und Machthaber. **Glücklich** dagegen wird der gepriesen, der sich an Gott hält.

Hier wie dort wird betont, daß der **Weg** der Frevler ins Verderben führt, weil Gottes Zorn die trifft, die auf verkehrtem **Weg** gehen.

Murmeln die Nationen, die von Gott nichts wissen noch wissen wollen, so geht das Gesagte, Gedachte, Getane ins Leere. An der Quelle des Lebens dagegen befindet sich jener, der tags und nachts **murmelt** über dem Gesetz des Herrn.

Allein schon das Bedenken dieser Beobachtungen ergäbe zum Jahreswechsel einen schönen Katalog guter Vorsätze, die aus der Bibel selbst gewonnen wären. Bliebe nur, wie auch im Hinblick auf alle anderen Vorhaben, die wir heute fassen, das Problem, in unsere Lebenspraxis umzusetzen, was wir an Erkenntnis gewonnen haben.

Aber das muß ich Ihnen nicht mit nach Hause geben - wer möchte, kann ja noch mal die beiden Psalmen aufschlagen und vergleichen und seine Schlüsse daraus ziehen...

Jetzt wollen wir uns diesem Lied zuwenden, von denen manche Forscher sagen, es sei wohl zum Fest der Thronbesteigung oder dessen Jubiläum gesungen worden. Der Spott des Herrschers - des Königs von Israel - träfe dann die umliegenden Völker samt ihren Häuptern, weil der Regent in Jerusalem sich Gottes Beistands gewiß war, sie also nichts zu lachen hatten gegen ihn, den Gesalbten Jahwes.

Sehen wir einmal davon ab, daß es nach David keinen König in Israel gegeben hat, der ein nennenswertes Reich regierte - vielleicht sind jene Worte ja auch eine Art trotziges Bekenntnis wider den Augenschein -, dann finden wir hier die deutlich an politischer Macht orientierte Vorstellung eines mächtigen Herrschers, dem nicht nur Israel, sondern letzten Endes die ganze Welt gehört: ein Messias, der dreinschlägt - und alle Empörung verstummt.

Seien wir ehrlich: Einen solchen Gott wünschen auch wir uns, wenn wir - zornig und ohnmächtig - mit ansehen müssen, wie Machthaber sich aufspielen. Zwar nicht mehr gekrönte Häupter (die taugen anscheinend nur noch für die Regenbogenpresse), auch nicht unbedingt die gewählten Oberhäupter - unsere Kanzler und Premierminister -, sondern Mafiabosse auf der einen, auf der anderen Seite Drahtzieher etwa der Weltbank. Zumindest dann, wenn wir davon erfahren, daß die einen sich schamlos an der Not anderer bereichern und die anderen Kredite für arme Länder an die Bedingung knüpfen, daß diese - um der Rückzahlungsfähigkeit willen - ihre Sozialausgaben senken: also noch mehr Hunger und Krankheit, noch mehr Obdachlosigkeit und Kinderarbeit in Kauf nehmen, damit das Kapital in Frieden zirkulieren kann.

Die gottlosen, weil konsumbesessenen Völker lehnen sich auf, die Geld-Gurus machen ihre Pläne - ins Wahnhafte! Die Herrn der Bilanzen wollen das Joch abschütteln, das die jüdisch-christliche Tradition noch immer darstellt mit ihrem Schutz des Sonntags und der Familie, mit ihrem Verbot, Frauen als Ware zu betrachten und das Lebensnotwendige des Mitmenschen an sich zu bringen.

Es gilt unter Christen als nicht angemessen, liebe Gemeinde, der konkreten Befreiungshoffnung des Psalmisten zu folgen. Denn anstelle des mit eisernem Stab schlagenden Königs sei ja das Lamm gekommen, welches aller Macht entsagt und sich für uns geopfert habe, heißt es.

Bleibt also denen, die sich an Gott halten, momentan nur der Trost, daß alles Toben der Mächtigen eine vorübergehende Erscheinung ist, wenngleich sie uns in Angst und Schrecken zu versetzen vermag.

Aber was ist das für ein Glaube?!

Ich vergleiche ihn der Zuversicht eines Fernsehzuschauers, der die Nachrichtensendung über sich ergehen läßt, weil anschließend die Unterhaltungsshow wieder die schönen Seiten des Lebens in den Mittelpunkt stellt. Und wer zuletzt lacht, lacht am besten.

Doch der hier spricht im Psalm, glaubt anders: **Wozu** toben die Heidenvölker eigentlich noch? - Das fragt er nicht im Selbstzweifel oder als Anfrage an Gott, warum denn das Morden in einem Land neu aufflammen muß, kaum daß an anderer Stelle die Waffen ruhen. **Wozu** murmeln sie, es geht ja doch ins Leere! - So triumphiert der Psalmist aus der Siegesgewißheit dessen heraus, der überzeugt ist, daß da sehr wohl einer ist, der die Macht hat, "zu richten die Lebenden und die Toten", der aber darauf verzichtet, mit eisernem Stab zu weiden, weil ihm andere Mittel zur Verfügung stehen.

Meine Augen haben den Retter gesehen, sagt Simeon - und er meint damit keinen Seelentröster, sondern den, der die Herrschaft antritt über die Welt Gottes, über unsere Welt, die des Herrn ist und niemandes sonst!

Er stößt die Gewaltigen vom Thron, frohlockte Maria in Erwartung des Kommenden.

Er kommt in sein Eigentum, weiß auch Johannes, und *alle Knie werden sich ihm beugen*, stimmt Paulus ein.

Jesus, der Gekommene, der kaum als der im Psalm propagierte König erkennbar ist - auf dem Esel einher ziehend, mit Dornen gekrönt -, er sagt ja mitnichten der Herrschaft Gottes ab! Er ist gekommen, sie aufzurichten.

Dazu gehört auch das **Schwert**, das er bringt. **Richten** wird er - sitzend zur Rechten Gottes; und auch wenn sein Reich nicht ***von*** dieser Welt ist: auf dieser Erde ist Gottes Kraft in den Schwachen mächtig!

Allerdings wird es problematisch, identifiziert man "die Kirche" schlechthin mit jenen Armen, denen das Evangelium verkündigt wird: Die anfangs Schwachen sind in 2000 Jahren so zahlreich, so wohlhabend, so mächtig geworden, daß man sich fragen muß, ob hier noch *Gottes Kraft* ist: Bei den Schwachen mächtig - bei den Mächtigen schwach?

Ich frage mich mehr und mehr, liebe Geschwister, ob wir so klug sind, der Empfehlung des Psalmsängers zu folgen: Dient Gott mit Furcht und Zittern. Rüstet euch mit Läuterung, daß er nicht zürnt und ihr verloren seid auf dem Wege - oder ob wir uns **vor** eben diesem Gott fürchten, und statt ihm zu dienen alles tun, um eine Herrschaft zu verhindern, wie sie in unserem Psalm vorgestellt wird?

Wir sehen ja im Nachhinein, daß den Wandlitzern der Treuschwur zum Sozialismus ihrer Genossen Untertanen nichts nutzte: Die damals am lautesten schrieen, machen heute die besten Geschäfte.

Ebenso werden womöglich andere morgen uns betrachten: Was nutzt heute unser Bekenntnis zu Gott, wenn wir in unserem Tun den mächtigen Garanten des Bestehenden verehren statt die schöpferische Kraft von unten, die den Anspruch Gottes auf seine Welt durchzusetzen wagt?

Kommt zur Einsicht! Laßt euch warnen! ist nicht nur den Königen und Richtern gesagt, sondern auch uns. Jedenfalls dann, wenn unsere Lebenswirklichkeit so weit entfernt ist von der biblischen Perspektive des Entrechteten, des Verfolgten, daß wir Befreiung nicht mehr als reale dringliche Hoffnung kennen, weil wir nicht Opfer der Machthaber sind, sondern bereits deren Komplizen.

Wenn wir jedoch teilhaben an Ansehen, Macht und Geld - dann warnt auch uns der Psalmist: Gott tritt sein Recht nicht ab. Er tritt ein mit Macht für sein Volk, das zum Spielball der Mächtigen und Reichen geworden ist.

Die jetzt spotten oder mit den Achseln zucken, werden seinen Zorn noch zu spüren bekommen!

Gott hat seinen Bevollmächtigten eingesetzt - gerade eben haben wir das gefeiert.

Der Weg derer, die IHM folgen, verliert sich nicht.

Und wir verlieren nicht seine Spur, wenn wir ihn dort suchen, wo ihn uns die Bibel bezeugt: bei den Schwachen nebenan und weiter weg, die keine andere Hoffnung haben auf Befreiung als eben die Kraft Gottes.

Glücklich alle, die Zuflucht suchen bei ihm! Sie werden das Leben finden.

Denn *Jesus hat seine Herrschaft bestellt bis an das Ende dieser Welt... Wo er regiert, wird alles neu..., die, die hungern, macht er satt. Er hat den Himmel aufgetan, die Erde stimmt ihr Loblied an.*

AMEN - so soll es sein!

4. Sonntag nach Trinitatis, 23. Juni 2002

Liebe Gemeinde -

was ist der Mensch?

So fragt der Beter des 8. Psalms, den wir vorhin schon gesungen haben. Einige Verse aus diesem Psalm möchte ich vorlesen, auch wenn sie nicht die einzigen sind, aus denen man erfahren kann, was die Bibel zum Menschsein zu sagen hat:

Ich sehe den Himmel, das Werk deiner Hände, den Mond und die Sterne, die du geschaffen hast: was ist der Mensch, daß du seiner gedenkst, ein Menschenkind, daß du dich seiner annimmst.

Du hast ihn fast zu einem Gott gemacht, hast ihn gekrönt mit Herrlichkeit und Macht. Du läßt ihn herrschen über das Werk deiner Hände, alles hast du ihm zu Füßen gelegt: Schafe und Rinder, auch die Tiere des Feldes, die Vögel am Himmel und die Fische im Meer, die ihre Wege durchs Wasser ziehen.

Wie gesagt, ich möchte jetzt gar nicht den 8. Psalm auslegen, sondern versuchen, die Frage zu beantworten, die nicht nur der Beter stellt, sondern die wir uns auch selbst immer wieder stellen müssen: Was ist der Mensch vor Gott?

Aus unserem Psalm erfahren wir zunächst, daß nicht viel gefehlt hätte, dann wäre der Mensch gar nicht mehr Mensch, sondern Gott. Aber das ist natürlich nicht vor dem Hintergrund der Paradiesgeschichte gesagt, in der die Schlage den Menschen einzureden sucht, sie könnten sein wie Gott, wenn sie sich nur nach ihren Ratschlägen richten...

Der Mensch, so betont der Psalmbeter, ist erhaben über die Schöpfung; die allerdings wird vorsichtshalber als das „Werk deiner Hände“ bezeichnet, um Gottes übergeordnete Position nicht in Frage zu stellen.

Aber wenn er auch nicht der Schöpfer ist, so ist der Mensch doch zumindest der Nutznießer und Sachwalter der Natur, deren Funktion ja auch im klassischen Schöpfungsbericht so dargestellt wird, daß alles auf die Bedürfnisse des Menschen abgestimmt ist.

Ach ja: die Bedürfnisse! Was in den wenigen Versen des 8. Psalms nicht ausdrücklich thematisiert wird, ist doch oft genug Gegenstand der Erörterung in anderen biblischen Schriften. Mag er auch eine herausragende Stellung einnehmen innerhalb des Geschaffenen, so ist der Mensch eben doch selbst auch ein Geschöpf - und damit unendlich anders als Gott, der alles, was ist, geschaffen hat.

Wir haben uns am Mittwoch bei den „Töchtern Salomos“ mit einer kleinen Schrift befaßt, die uns das biblische Denken und den urtümlichen Sprachgebrauch der Hebräischen Bibel nahezubringen versucht.

Dabei sind wir in eine ziemlich heftige Diskussion geraten über das Wesen des Menschen und seine Beschaffenheit. Denn wir pflegen für gewöhnlich unsere anderswoher stammenden Denkkategorien an die Bibel heranzutragen und merken erst dann, daß das womöglich problematisch ist, wenn wir uns der Fremdheit der biblischen Sprech- und Denkweise aussetzen.

Im Schöpfungsbericht lesen wir von den lebendigen Seelen - man könnte auch schlicht „Lebewesen“ übersetzen -, zu denen Gott Tiere und Menschen geschaffen hat.

Allein aus diesem kleinen Satz folgt zweierlei, das wir gemeinhin anders betrachten: 1) Bezüglich der Seele wird - zumindest hier - überhaupt kein Unterschied gemacht zwischen Mensch und Tier; die Bezeichnung dient offenbar lediglich dazu, das Lebendigsein des Geschöpfes zum Ausdruck zu bringen. 2) Die Lebewesen *haben* nicht eine Seele, sondern sie *sind* Seelen.

Man mag das Hebräische für primitiv halten und manch biblisches Sprachbild für einfältig und naiv. Dasselbe Wort, das - von der griechischen Philosophie beeinflußt - von einer Teilnehmerin unserer Gesprächsrunde als „göttlicher Funke“ bezeichnet wurde, dieses Wort >Seele< kann tatsächlich etwas so Äußerliches benennen wie die Kehle, etwa wenn es in einigen Psalmversen heißt: „Lobe den Herrn, meine Kehle!“

Diese Vokabel wird zwar in unseren Bibelausgaben trotzdem mit „Seele“ übersetzt, doch ist dies offenkundig nicht zutreffend, wenn man bei diesem Begriff an etwas Unsichtbar-Immaterielles denkt, das möglicherweise sogar immun sein soll gegen das allgemeine Schicksal des Menschen, zur Erde zurückkehren zu müssen, wovon er genommen ist.

Die Kehle aber ist nicht nur der Körperteil, durch den unser Lobgesang nach außen dringt, sie ist zuerst die Öffnung, durch die der Atem des Lebens, den Gott uns eingehaucht hat, eindringen und uns beleben konnte; die Seele, das ist also in biblischer Sicht das Lebenszentrum des Menschen, diejenige Instanz, die für den Kontakt zu Gott von entscheidender Bedeutung ist.

Die Dreiteilung des Menschen in Körper, Geist und Seele, die uns die griechischen heidnischen Philosophen gelehrt haben, ist der Bibel vollkommen unbekannt.

Das heißt aber nicht, daß der Mensch „kopflos“ wäre, im Gegenteil: ‚Der Mensch denkt, Gott lenkt‘ ist eine Grundweisheit der Bibel über das Verhältnis zwischen Gott und Mensch. Allerdings kann man auch an solch prominenten Bibelstellen zuweilen staunen und dazulernen: es heißt nämlich im Wortlaut eigentlich: „Des Menschen Herz erdenk sich seinen Weg, aber der Herr allein lenkt seinen Schritt.“

Also muß ich das eben gebrauchte Wort „kopflos“ wieder streichen und durch „herzlos“ ersetzen: „Maria bewegte alle diese Worte in ihrem Herzen“ müßten wir schlicht wiedergeben mit der Formulierung: „Maria dachte über all diese Worte und Taten nach.“

Der Verstand sitzt im biblischen Sprachgebrauch im Herzen, weswegen im Zweifelsfall „Herz und Nieren“ geprüft werden, denn dort, in den Eingeweiden, sehen die biblischen Autoren die Gefühle angesiedelt; hüpfen die Nieren, dann freut sich der Mensch.

Im übrigen aber „hat“ der Mensch ebensowenig einen Körper - schon gar nicht einen, der ihn am Erreichen seines himmlischen Ziels hindert, indem er seine Bedürfnisse geltend macht und so die Seele von ihren erhabenen Aufgaben ablenkt. Gewiß plagt den Menschen Hunger und Durst, Müdigkeit und das Verlangen nach Sexualität - nichts von all diesen menschlichen Regungen verschweigt die Bibel, nicht einmal Übermaß und Perversion.

Ansonsten aber gebraucht der Mensch das, was Gott ihm gegeben hat, seiner jeweiligen Bestimmung gemäß: das Auge zum Sehen, das Ohr zum Hören usw.

Da gibt es keine Rangordnung zwischen dem Denkzentrum und dem Verdauungszentrum, zwischen Sinnesorganen und Gliedmaßen, zwischen Lippen, Kehle und Seele, den Nieren und den Haaren, deren jedes einzelne Gott gezählt hat; selbst der Apostel Paulus weiß Organe und Extremitäten zu würdigen, wenn er das Zusammenwirken der Körperteile als Bild für das Gemeindeleben verwendet.

All dies ist unser Leib, den Gott uns geschenkt hat, uns seiner zu erfreuen und zu bedienen, wie wir das mit der ganzen Schöpfung um uns herum auch mit Freude und Vernunft tun sollen und dürfen. Es sind die Instrumente, die Gott uns zur Verfügung gestellt hat, damit wir heimisch sein können auf dieser Erde, die Gott uns gegeben hat, und die Tage unseres Lebens als Gottes Gabe und Aufgabe annehmen.

Anders als die christliche Theologie in Anlehnung an den philosophischen Zeitgeist der Antike lange Zeit gelehrt hat, ist unser Leib kein Gefängnis, aus dem eine unsterbliche Seele irgendwann befreit werden wird, wenn wir es vermochten, den Versuchungen „im Fleisch" zu widerstehen, sondern eine gute Gabe des Schöpfers, der uns „schmecken und sehen läßt, wie freundlich er ist", indem er uns Farben und Formen, Geschmäcker und Gerüche, Wärme und Zärtlichkeit spüren läßt.

Gleichwohl ist all das, was kaum hoch genug gerühmt werden kann, zuletzt nicht mehr als ein Häuflein Asche. „Fleisch" bezeichnet, ehe es zur abwertenden Vokabel für die Sündhaftigkeit des Menschen herangezogen wurde, die schlichte Tatsache, der wir nüchtern ins Auge zu sehen haben, daß nämlich alle Menschen sterben müssen, daß wir „wie Gras sind, das am Morgen sproßt und blüht und am Abend verwelkt und ins Feuer geworfen wird."

Läßt sich irgend etwas dagegen tun, oder müssen wir ohnmächtig dem Ende unserer Tage entgegensehen?

Hier entbrannte unter uns am Mittwoch ein leidenschaftliches Streitgespräch. Ich gestehe gern zu, daß in unserer Tradition lange anders gelehrt wurde; aber ich lese in der Bibel nichts von einer unsterblichen Seele, die sich gar im Augenblick des Todes von dem Körper löst und - sei es direkt oder auf Umwegen - zu Gott begibt, während der Körper vermodert und wieder zu Staub wird.

Wohl spricht die Bibel vom *ewigen Leben* - aber eben dies ist eine Dimension, die dem Menschen von Natur aus nicht zugänglich ist. Denn während es zum Menschsein des Menschen gehört, endlich zu sein - „unser Leben währt siebzig Jahre, und wenn es hoch kommt, so sind es achtzig" -, existiert Gott „von Ewigkeit zu Ewigkeit".

Aber er bleibt nicht für sich und überläßt uns unserem überschaubaren Schicksal, sondern gibt uns teil am Leben mit ihm, schenkt uns *ewiges Leben*, nämlich die Gemeinschaft mit Gott. Das bedeutet gerade nicht die Aufhebung unserer begrenzten Lebenszeit, durch die doch erst kostbar wird, was wir einmalig erleben dürfen: Der Mensch muß sterben, muß „in die Grube fahren“, wie es im Psalm heißt; der Adam muß zur Adamá werden, von der er genommen ist, er haucht sein Leben aus, das Gottes Atem lebendig gemacht hatte.

Da ist keine Substanz oder Qualität an uns oder in uns, die davon ausgenommen wäre, sterben zu müssen.

Ebenso wie Jesus Christus qualvoll am Kreuz gestorben ist und, nachdem er begraben wurde, „in das Reich des Todes hinab gefahren“ ist (dorthin also, wo jeder Kontakt zu Gott verloren ist - der biblische Inbegriff von Totsein), dann aber aus Gnade erweckt wurde zum Leben in der Gemeinschaft mit Gott, ebenso sind wir darauf angewiesen, daß Gottes Güte uns nach einem Leben in der Nachfolge Christi neu ins Leben bringt zur Auferstehung von den Toten.

Und nun wird es eigentlich erst richtig spannend, liebe Schwestern und Brüder, denn dieses „ewige Leben“ ist weder eine unendliche Verlängerung der Frist, die uns auf Erden gegeben ist, noch beginnt es erst im Anschluß an jene Tage, die wir auf Erden verbringen dürfen.

All das, was Gott geschaffen und dem Menschen als Lebensgrundlage zur Verfügung gestellt hat, soll nämlich vor allem eines ermöglichen: daß der Mensch als Gottes Ebenbild und Partner existiert, weder überheblich gegenüber seiner Mitkreatur, noch unterwürfig gegenüber Mächten im Himmel und auf Erden, die er nicht versteht und nicht beeinflussen kann.

Er soll Gottes Bundespartner sein, der SEINEN Ruf hört und ihm gehorcht - nicht mehr und nicht weniger.

Nicht dazu ist dem Menschen gesagt, was gut ist und was der Herr von ihm verlangt, daß wir mit ständig schlechtem Gewissen herumlaufen und um Vergebung bitten, sondern damit wir es schlichtweg so gut machen, wie wir können, im Schweiße unseres Angesichts das täglich Brot essen und dabei fröhlich sind vor unserem Herrn.

Ist das zu wenig? Ist das zu viel?

Was ist der Mensch, daß du, Gott, seiner gedenkst?

Er ist einer, zu dem Gott JA sagt, den er segnet und sendet, Gottes Werk zu verwalten und fortzuführen.

Er ist einer, zu dem Gott immer wieder auch NEIN sagen muß, wenn er sich aus Hochmut oder Trägheit seinem Auftrag entzieht.

Aber immer ist er der, den Gott liebt, um den Gott ringt, dem Gott alles gegeben hat, damit er Leben und reiche Fülle habe;

er ist: Du und ich, Mann und Frau - Ebenbild des Ewigen.

AMEN.

Reminiszere, 24. Februar 2002

Liebe Schwestern und Brüder,

dieselbe christliche Tradition, die das bunte Fastnachtstreiben hervorgebracht hat, kennt und pflegt die Ruhe und Besinnung danach: Da werden dann bewußt eine Zeit lang keine Feste gefeiert, keine Zerstreuung gesucht.

Wahrscheinlich gibt es das in unserer lauten hektischen Zeit so gut wie gar nicht mehr: Ein Haus der Stille, die den Alltag außen vor läßt, wo man - nicht mehr abgelenkt vom Lärm, der uns ständig umgibt - die innere Stimme wieder hört, sich den Fragen stellt, die aufbrechen, wenn man allein ist mit seinen Gedanken.

Nur Gott ist dann unser Gesprächspartner. Damit nun diese Zwiesprache nicht zu einseitig wird und wir uns schließlich doch die Antworten selber geben auf unsere Fragen, schlagen wir die Bibel auf, um zu hören, was Gott zu sagen hat.

Aber dort, wo wir heute nachlesen, stehen doch zuerst einmal menschliche Gedanken, und zwar genau jene Art von Fragen, die unausweichlich werden, wo man seine Gedanken sammelt und vor Gott bringt, was einem auf dem Herzen liegt.

Der Wochen-Psalm 10 lautet in der Übersetzung von Kurt Marti:

Warum, Herr, bleibst du ferne, verhüllst dich in Zeiten der Not?

In Hochmut verfolgen Frevler die Armen, um sie zu fangen in Ränken, die sie ersinnen.

Denn der Frevler preist seine Gier, verachtet aber den Herrn. In seinem Hochmut denkt der Frevler:

Er ahndet's nicht, es ist kein Gott. So sind all seine Gedanken.

Seine Wege geraten allezeit. Hoch droben sind deine Gerichte, weit weg von ihm, verächtlich schnaubt er gegen all seine Gegner.

In seinem Herzen spricht er: Ich werde nicht wanken, bleibe von Geschlecht zu Geschlecht vom Unglück verschont.

Voller Fluch ist sein Mund, voller Trug und Gewalttat, unter seiner Zunge ist Unheil und Tücke.

Er sitzt im Gehege auf der Lauer, erwürgt heimlich den Schuldlosen. Seine Augen spähen nach dem Armen.

Er lauert im Versteck wie ein Löwe im Dickicht. Er lauert darauf, den Armen zu fangen. Er greift den Geringen, zieht ihn in sein Netz.

Er duckt sich, kauert nieder, und es fallen die Schwachen ihm in die Klauen.

In seinem Herzen spricht er: *Gott hat's vergessen, er hält sein Antlitz versteckt, sieht's in Ewigkeit nicht.*

Steh auf, Herr, mein Gott, erhebe deine Hand, vergiß nicht die Gebeugten!

Warum darf der Frevler Gott verachten, in seinem Herzen sprechen: *Du ahndest's nicht!*?

Du aber hast's gesehen! Du schaust auf Unheil und Gram, du nimmst's in deine Hand. Der Elende überläßt's dir, die Waise - du bist ein Helfer!

Zerbrich den Arm des Frevlers und des Bösen, ahnde seine Untat, daß sie schwinde!

Der Herr ist König für immer und ewig, verschwunden sind die Völker aus seinem Land.

Das Begehren der Armen hast du vernommen, Herr, du festigst ihr Herz, dein Ohr merkt auf, um Recht zu schaffen der Waise und dem Bedrückten. Nie mehr übe ein Mensch von Erde fortan Gewalt!

Liebe Gemeinde,

Sie mögen sich manches Mal fragen, warum ich denn nur nicht die gute alte Lutherbibel zugrunde lege. An einem Beispiel wie unserem Psalm läßt sich das einleuchtend demonstrieren: Gewiß nicht aus mangelnder Sprachkenntnis, sondern um den Gegnern des Gotteswortes - also auch der Reformation - das Gericht anzusagen, wählt Luther in unserem Psalm überall dort, wo Marti und andere „Frevler" übersetzen, die Vokabel „Gottloser".

Diese religiöse Engführung aber hindert das Verstehen eher als es zu erleichtern. Oder sind alle Menschen, die einen anderen Glauben oder auch nur ein anderes Bekenntnis haben, deswegen automatisch auch Schurken?!

Und gibt es nicht umgekehrt leider Gottes auch unter denjenigen, die sich Christen nennen, eine Vielzahl von Verbrechern?

Der Psalmbeter jedenfalls ist nicht von dem Problem eines theoretischen Atheismus bewegt, sondern ihm macht die Beobachtung zu schaffen, daß es Leuten augenscheinlich gut geht, die Gottes Gebote mit Füßen treten, während redliche Menschen durch die Willkür anderer in Notlagen geraten.

Unser Psalmbeter ähnelt darin Hiob, der sich beim besten Willen nichts vorzuwerfen weiß, womit er die Strafe Gottes verdient hätte, die er zu ertragen hat. Daneben aber plagt ihn - wie den Psalmisten - die Erfahrung, daß gewissenlose Leute unbehelligt leben, um eines fernen Tages friedlich einzuschlafen.

Wenn wir von schlimmen Unglücksfällen erfahren - etwa die Brandkatastrophe in einem ägyptischen Zug, der Hunderte zum Opfer fielen -, dann will uns auch nicht einleuchten, warum Gott all diese Menschen ins Unglück stürzte, während Mörder, Diebe, Betrüger ungestraft davonkommen...

Die Frage stellt sich anders, ganz anders, wenn man selbst betroffen ist.

Es geht aber nicht, wie manche den Predigttext des vergangenen Sonntags interpretiert haben, um Prüfung und Bewährung; wobei ich ja versucht habe, deutlich zu machen, daß dies noch einmal etwas anderes ist als Versuchung, bei der es um den Abfall von Gott als solchen geht, nicht vorrangig um das Aushaltenmüssen von Unrecht, Krankheit, Verlusten aller Art.

Im Unterschied zu Schicksalsschlägen, die einen „aus heiterem Himmel" treffen, auf die man nicht vorbereitet ist, weil sie einen unverdient als plötzliches Unglück ereilen - nehmen wir mal einen Blitzschlag, den man natürlich auch wieder als Gottesurteil verstehen könnte -, im Unterschied also zu Naturgewalten, die Menschenleben bedrohen und beeinträchtigen, geht es dem Beter des 10. Psalms um jene Gewalt, die von Menschen ausgeht und eine Gefahr darstellt für unschuldige Opfer: Nie mehr übe ein Mensch von Erde fortan Gewalt!

Es ist das ohnmächtige Mitansehenmüssen, das dem Frommen über die Grenzen seiner Belastbarkeit geht.

Das erleben auch wir - und zwar nicht nur, wenn wir kopfschüttelnd die Schlagzeilen lesen und erfahren, welch ungerechte Machenschaften unter dem Deckmantel des Rechtsstaates geschehen:

Ein Triebtäter nutzt seinen Hafturlaub, um abermals ein Kind zu mißbrauchen und zu ermorden. Man sperrt ihn wieder ein; ob er je geheilt wird, ist fraglich; daß er nie wieder eine Gefahr darstellt, kann keiner garantieren.

Die Berliner Steuerzahler müssen auf Jahrzehnte Schulden abzahlen, die gewissenlose Geschäftemacher im Verein mit den politisch Verantwortlichen verursacht haben, denn, so liest man, die einmal geschlossenen Verträge sind bindend, mag auch noch so viel falsch gemacht worden sein. Also werden Kultureinrichtungen geschlossen und auf Lehrereinstellungen verzichtet - trotz allen anderslautenden Wahlversprechen.

Was sich in unserem unmittelbaren Erfahrungsumfeld ereignet, ist meist nicht so spektakulär, daß man im Rundfunk darüber redet.

Und doch kann es viele von uns oder unseren Nachbarn treffen, daß zum Beispiel Kunden ihre Rechnung einfach nicht bezahlen und dann der Betrieb pleite geht, obwohl er von fleißigen Handwerkern oder Händlern geführt wird und eigentlich reichlich Aufträge hat, die ordentlich ausgeführt werden.

Weil die Gewinnausschüttung zu mager war und einige Anteilseigner enttäuscht sind, wird eine große Firma „umstrukturiert" - auf der Strecke bleiben jene Menschen, die Tag für Tag ihre Haut zu Markte getragen haben, um sich das tägliche Brot sauer zu verdienen. Die Arbeitslosenstatistik steigt geringfügig an, vor allem aber steigen auch die Börsenwerte.

Das sind die Frevler, von denen in unserem Psalm die Rede ist: gewinnsüchtige Spekulanten, die auf der Matte stehen, wo jemand seine Raten für den Hausbau nicht mehr pünktlich bezahlen kann; statt ihm zumindest einen fairen Kaufpreis anzubieten, nutzen sie die Ausweglosigkeit der Situation gnadenlos aus, um ein Schnäppchen zu machen.

Wen kümmern schon die Tränen von Familien, die auf diese Weise in den Abgrund aus Verzweiflung, Alkohol und Aggressionen gestoßen werden?!

„So ist die Welt", heißt es dann, „es gibt eben Gewinner und Verlierer." Und selbstverständlich geht es dabei mit rechten Dingen zu - schließlich schützen die Gesetze das Eigentum; und je mehr Eigentum jemand hat, desto mehr ist er geschützt durch diese Art von Recht.

Es klingt schon ein wenig verwegen, wenn auf diese Zusammenhänge bezogen gefragt wird: Warum, Herr, bleibst du ferne, verhüllst dich in Zeiten der Not?

Wenn Gott nicht eingreift - und das tut er ja scheinbar wirklich nicht -, weshalb sollten sich die Schurken vor ihm fürchten?

Auch wenn nur wenige so dreist wie in unserem Psalm spotten: *Gott hat's vergessen, er hält sein Antlitz versteckt, sieht's in Ewigkeit nicht* - in ihrem Handeln unterscheiden sich die Gauner unserer Tage überhaupt nicht von denen, die uns der Beter beschreibt.

Endete der Psalm mit derart düsteren Gedanken, dann hätten diejenigen recht, die insgeheim überzeugt sind: *Er ahndet's nicht, es ist kein Gott.*

Aber der Beter hätte gar nicht erst angefangen, sich in seiner Not an Gott zu wenden, wäre er nicht überzeugt, daß Gott eingreifen kann, will und wird:

Steh auf, Herr, mein Gott, erhebe deine Hand, vergiß nicht die Gebeugten!

Der Frevler darf Gott eben nicht verachten! Der Psalmist rechnet fest damit, daß Gott sich bewegen lassen wird, zugunsten derer einzugreifen, die sich auf ihn verlassen und keine andere Hilfe haben als ihn:

Du hast es doch gesehen! Du schaust auf Unheil und Gram, du nimmst es in deine Hand. Der Elende überläßt es dir, die Waise - du bist ein Helfer!

Zerbrich den Arm des Frevlers und des Bösen, ahnde seine Untat, daß sie schwinde!

Das Begehren der Armen hast du vernommen, Herr, du festigst ihr Herz, dein Ohr merkt auf, um Recht zu schaffen der Waise und dem Bedrückten.

Das ist ebenfalls durch Erfahrungen belegt, auch wenn die guten Nachrichten viel weniger Aufmerksamkeit finden als die schlechten. Die Gute Nachricht, die Frohe Botschaft ist von der ersten bis zur letzten Seite gefüllt mit Zeugnissen von Gottes Parteilichkeit: Ob gleich oder später, er sorgt dafür, daß die Boshaften in ihre Schranken gewiesen werden und die Opfer Trost finden.

Dazu läßt Gott nicht Feuer vom Himmel regnen, aber er schickt immer wieder Menschen, die Mut beweisen, indem sie das Unrecht beim Namen nennen und all ihre Kraft aufwenden, sich für Gerechtigkeit, Frieden und Bewahrung der Schöpfung einzusetzen. Manchmal machen Kerzen und Gebete selbst waffentragende Atheisten kampfunfähig...

So ist auch Jesus in dieser Welt tätig gewesen: unermüdlich im Einsatz für die Kranken, die Armen, die Ausgestoßenen. Das hat die Welt nicht aus den Angeln gehoben, und die Mächtigen fanden sogar einen Weg, ihn zu beseitigen.

Aber seine Macht konnten sie damit nicht brechen. Gott hat den Gekreuzigten ins Recht gesetzt. Und er hat denen, die an ihn glauben, neuen Mut, neue Kraft und die Zuversicht gegeben, daß Gott nicht tatenlos mit ansieht, wie Unrecht und Gewalt geschieht.

Nicht heute und nicht morgen - aber an dem Tag, an dem sie Rechenschaft ablegen müssen über ihre Taten, wird den Gewissenlosen das Lachen vergehen; und die Tränen der Gefolterten, der Verhungerten, der von Minen Verstümmelten: sie werden getrocknet werden, wenn Gott aus der Verborgenheit hervortritt.

AMEN.

Oculi, 27. März 2011, Ermita Las Rotas, Denia (Costa Blanca)

Liebe Geschwister: “Einen Augenblick, bitte!”

Das sagen wir so und meinen einen winzigen Moment.

Aber hätten wir keine Augen, dann gäbe es auch keinen Augenblick - jedenfalls nicht als Metapher. Niemand würde von einem “Wimpernschlag” reden, wenn das Sinnesorgan keine so herausragende Rolle spielte.

Ich habe mal eine fantastische Erzählung gelesen mit dem Titel “Das Land der Blinden”. Da geriet der Protagonist in ein abgelegenes Andental, das ausschließlich von Menschen bewohnt wurde, die sich mit einer unerklärlichen Augenkrankheit infiziert hatten und schon vor Generationen erblindeten. “Unter den Blinden ist der Einäugige König”, dachte der Eindringling, mußte aber bald erkennen, daß er in einer Welt, die der Dunkelheit angepaßt ist, denjenigen unterliegt, die gelernt hatten, auf den Gesichtsinn zu verzichten.

“Okuli” ist der Name des heutigen Sonntags. Wir haben den namengebenden Psalm gebetet: *Meine Augen sehen stets auf den Herrn.*

Meine Augen...

Gott sei Dank sind meine Augen gesund!

Ich freue mich, daß ich die Schönheit dieser Welt mit meinen Augen betrachten kann.

Meine Augen sehen.

Und wenn ich etwas genauer betrachten oder einen Text lesen will - so wie jetzt -, dann kann ich eine Sehhilfe gebrauchen und damit den Mangel ausgleichen, der im Laufe meines Lebens eingetreten ist: Meine Augen sehen zwar, aber nicht mehr so gut wie früher, und da ich mit einer Optikerin verheiratet bin, bekam ich eines Tages den Rat, mir eine Lesebrille zu besorgen, denn die Akkumulationsfähigkeit der Linse läßt immer weiter nach, aber meine Arme werden nicht länger...

Meine Augen sehen vielerlei jeden Tag: Als wir nach Denia kamen, war alles neu für mich, es gab jede Menge zu entdecken an Straßen und Plätzen, Geschäften und Restaurants, nicht zu vergessen eine völlig andere Umgebung als die Straßenschluchten der Großstadt, in denen ich meinen Alltag verbringe.

Täglich freue ich mich, aus unserem Fenster direkt auf das Mittelmeer schauen zu können. Ich lasse meinen Blick über die Landschaft schweifen - immer wieder begeistert mich der Montgó im Nebel oder das Castillo in der Abendsonne.

Meine Augen sehen natürlich nicht nur das, was sie gern sehen wollen: Manchmal werde ich Augenzeuge von Streitigkeiten, vielleicht muß ich sogar einen Unfall mit ansehen.

Im Fern-Sehen, wo mir die Dinge vom Leib gehalten werden, die ich aus der Nähe nicht betrachten möchte, bekomme ich noch ganz anderes zu Gesicht: Krieg, Hunger, Krankheit, menschliche Not.

Meine Augen sehen hin, aber der Kommentar zu der Katastrophe bleibt ganz sachlich.

Meine Augen erblicken Elendsgestalten, aber ihr Weinen erreicht mich nicht.

Meine Augen erfassen, was ich für die Realität unseres Lebens halte; doch vieles bleibt ausgeblendet oder zumindest so wohldosiert, daß man es gerade eben noch gut ertragen kann.

Meine Augen sehen stets auf den Herrn, sagt der Psalmist.

Übertreibt ***er*** - oder bin ***ich*** ein so halbherzig Gläubiger?

Jedenfalls würde ich so vollmundig nicht formulieren: Meine Augen sehen stets auf den Herrn.

Sehen sie denn wenigstens manchmal auf den Herrn?

In unserem Zimmer hängt kein Kruzifix, auch kein Kreuz.

Und selbst wenn da eines hinge - ich sähe doch nur ein Stück Holz oder eine Arbeit aus Metall, vielleicht sogar kunsthandwerklich hervorragend gemacht, ästhetisch ansprechend.

Wohin soll ich überhaupt blicken, damit meine Augen den Herrn sehen?

“Wer den lebendigen Gott von Angesicht zu Angesicht sehen will, darf ihn nicht am leeren Firmament seiner Gedankenwelt suchen, sondern in der Menschenliebe.” So - in etwa - hat Dostojewski beschrieben, wohin man zu blicken hat, wenn man möchte, daß die Augen auf den Herrn sehen.

So lehrt es auch die jüdische Tradition. Überliefert ist das Gespräch eines Rabbi mit seinen Jüngern. Der Meister fragt: “Wann endet die Nacht und der Tag beginnt?” - Der erste Schüler schlägt vor: “Wenn man in der Dämmerung einen Hund von einem Kalb unterscheiden kann.” Der Rabbi schüttelt den Kopf. - Der zweite Schüler bietet an: “Wenn man im Morgengrau einen Menschen von einem Baum unterscheiden kann.” Auch dies befriedigt den Meister nicht. Darauf wollen die Jünger endlich die Antwort erfahren, und der Rabbi bekundet: “Wenn du ins Antlitz deines Nächsten blickst und erkennt darin deinen Bruder oder deine Schwester, dann endet die Nacht, dann beginnt der Tag.”

Aber kommen wir ruhig noch einmal auf das Kruzifix-Problem zurück, zumal es ja immer wieder mal die Gerichte beschäftigt; denn auch wenn es *nur ein Symbol* ist, so ist es doch eines mit eindeutiger Konnotation, das zuweilen die Gemüter erhitzt.

In der Evangeliumslesung ging es um Licht und Finsternis, um Christus und die, die an ihn glauben. Wenn man sich den ersten Vers, von dem alles weitere abgeleitet ist, ein wenig genauer ansieht, dann nimmt dieser Bezug auf eine Geschichte im Buch Numeri und vergleicht die “Erhöhung” des Menschensohnes (das ist ja eher etwas unserem Gesichtsfeld

Entzogenes) mit der "Erhöhung" im wörtlichen Sinne - also dem Hochhalten - von Schlangen im Zusammenhang der Wüstenwanderung des Gottesvolkes.

Ich lese mal den Referenztext aus Numeri 21: Auf dem Weg wurde das Volk ungeduldig. Und das Volk redete gegen Gott und Mose: Warum habt ihr uns aus Ägypten heraufgeführt? Damit wir in der Wüste sterben? Denn es gibt kein Brot und kein Wasser, und es ekelt uns vor der elenden Speise. Da sandte der HERR die Sarafschlangen gegen das Volk, und sie bissen das Volk, und viel Volk aus Israel starb. Da kam das Volk zu Mose, und sie sprachen: Wir haben gesündigt, daß wir gegen den HERRN und gegen dich geredet haben. Bete zum HERRN, damit er uns von den Schlangen befreit. Und Mose betete für das Volk. Und der HERR sprach zu Mose: Mache dir einen Saraf und befestige ihn an einer Stange. Und jeder, der gebissen wurde und ihn ansieht, wird am Leben bleiben. Da machte Mose eine bronzene Schlange und befestigte sie an einer Stange. Wenn nun die Schlangen jemanden gebissen hatten, so blickte er auf zu der Bronzeschlange und blieb am Leben.

Der Herr, der *un*sichtbare und *un*verfügbare Gott, gibt Mose - und damit seinem Volk - ein Mittel an die Hand, ein Lebens-Mittel im wahrsten Sinne des Wortes: eine Möglichkeit, am Leben zu bleiben, indem man umkehrt zu Gott, der Gnade vor Recht ergehen läßt und die todbringenden Schlangenbisse heilt mit einem **Blick** auf ein Abbild eben jener Schlange, die er gesandt hatte, das murrende abtrünnige Volk zu strafen.

Hierauf nimmt der Evangelist Johannes ***positiv*** Bezug, obwohl er natürlich auch jene andere Stelle kennt aus den vorderen Propheten, wo die Bronzeschlange ebenso kritisch gesehen wird wie das GOLDENE KALB. Im zweiten Königebuch, Kapitel 18, wird König Hiskia dafür gelobt, daß er Israel die wahre Religion wiedergegeben habe. Etwas salopp formuliert, kann man vielleicht sagen, er hat dem Volk das Opium weggenommen und sie damit wieder auf Gott selbst zurückgeworfen. Wir lesen die Verse 3 bis 7: Er tat, was recht war in den Augen des HERRN, ganz wie David, sein Vorfahr, es getan hatte. Er hat die Kulthöhen abgeschafft und die Mazzeben zerschlagen und die Aschera zerstört und die Schlange aus Bronze, die Mose gemacht hatte, zermalmt, denn bis in jene Tage hatten die Israeliten ihr Rauchopfer dargebracht. (...) Er vertraute auf den HERRN, den Gott Israels, und von allen Königen von Juda nach ihm war keiner ihm gleich, auch nicht von denen, die vor ihm waren. Und er hing dem HERRN an, er ließ nicht ab von ihm, und er hielt die Gebote, die der HERR Mose gegeben hatte. Und der HERR war mit ihm; bei allem, was er unternahm, hatte er Erfolg. Und gegen den König von Assur lehnte er sich auf, und er diente ihm nicht länger.

Vielleicht fällt es auch Ihnen auf, liebe Gemeinde, wie sehr die Autoren des zweiten Königebuches darauf bedacht sind, den bleibenden Wert Moses zu unterstreichen, wenn sie auch den Kult um die rettende Schlange als ABERGLAUBEN brandmarken.

Freilich: Johannes ersetzt die Schlange durch Christus - besser gesagt: Er erachtet die "Erhöhung" - sprich: die Opferung - Christi am Kreuz als rettend, wie es vormals in der Wüste der Blick auf die Bronzeschlangen war.

Und doch bin ich nicht so recht einverstanden mit einer bloß betrachtenden Hinwendung zu Gott. Gewiß liegt alle Aktion bei ihm - in der Wüstenszene ebenso wie auf Golgatha. Uns bleibt zunächst nur, dies zu *er*kennen und dankbar *anzuer*kennen.

Dann aber gilt es, die Passivität hinter sich zu lassen, aus der reinen Kontemplation herauszutreten, mehr zu tun als nur auf ein Ding zu starren - sei es eine Schlange oder ein Kreuz!

Meine Augen sehen stets auf den HERRN; denn er wird meinen Fuß aus dem Netze ziehen, betet David, zugleich aber bittet er: Zeige mir, HERR, deine Wege, lehre mich deine Pfade.

Auf den Herrn zu sehen, bedeutet also ebenso, auf das zu achten, was Gott getan hat und tut, damit wir jenen Weg erblicken, den es zu gehen gilt in der Nachfolge Jesu Christi.

So fundamental es auch aus unserem Blickwinkel ist, daß uns das Augenlicht geschenkt ist - es geht nicht eigentlich um ein *visuelles Vermögen*. Die diversen Berichte von Blindenheilungen laufen allesamt darauf hinaus, daß Menschen - durchaus auch und gerade den Zeugen dieser Wundertaten - die Augen aufgehen für das, was Gott tut und will. Und bei der Aufzählung jener Heilstaten, die das Kommen des Messias kennzeichnen, werden in einer sich steigernden Reihe *die Blinden* ***zuerst*** genannt, und nicht einmal die Auferweckung der Toten bildet den Schluß- und Höhepunkt, sondern die Verkündigung der Frohen Botschaft von der Befreiung aus der Knechtschaft des Todes und die Annahme der Guten Nachricht von der Liebe Gottes.

Meine Augen sehen stets auf den Herrn - nicht etwa nur in Kirchen -, weil er nämlich dort gefunden werden will, wo ich meine geringsten Schwestern und Brüder treffe. Die Frage ist immer wieder, ob ich ihn erkenne, ob ich überhaupt in die richtige Richtung schaue; denn das Kreuz ist keine historische Reminiszenz, sondern Gegenwart: Da, **wo Menschen leiden, da leidet Gott**. Da, wo Menschen geopfert werden, da sollte mir der gekreuzigte Herr vor Augen sein, der gestorben ist, damit wir leben, nicht, damit wir Morden rechtfertigen und Leiden relativieren.

Meine Augen sehen.

Meine Frau hat einen erfreulich guten Visus ermittelt. Gott sei Dank!

Meine Augen sehen - sehen, was um mich herum vor sich geht.

Und dennoch sind sie allzu oft geblendet von Irrlichtern, die mir die Orientierung rauben.

Ich sehe, aber ich erkenne nicht.

Meine Augen: Was ist bloß mit meinen Augen los?

“Siehst du den Mond dort stehen? Er ist nur halb zu sehen, und ist doch rund und schön. So sind gar manche Sachen, die wir getrost belachen, weil unsre Augen sie nicht sehn.”

Manche Leute wollen nur das sehen, was unmittelbar vor Augen liegt, und ignorieren beharrlich, was sich unseren Blicken entzieht:

○ Wenn anderswo Krieg geführt wird, eine Wirtschaftkrise ausbricht oder die Erde bebt - und zuhause ist davon nichts zu merken -, dann bleibt die Welt für sie in Ordnung.

○ Wenn man die Gefahr, die von der Kernspaltung ausgeht, weder sehen noch hören noch riechen noch schmecken noch tasten kann, dann scheinen die Leute, die darum so ein Geschrei machen, ja ganz schön hysterisch zu sein, denken jene, die ganz auf ihre Sinneswahrnehmung vertrauen.

Andere haben das Geheimnis gelernt, das der Fuchs dem Kleinen Prinzen anvertraut hat: "Man sieht nur mit dem Herzen gut. Das Wesentliche ist für die Augen unsichtbar."

In diesem Sinne verstehe ich unseren Psalmvers: Meine Augen sehen stets auf den Herrn ließe sich in unseren Worten auch so sagen: Mein Herz ist ganz auf Gott ausgerichtet. (Das geht im Hebräischen nicht, weil dort das Herz für den Verstand steht, nicht für das Gefühl.)

Liebe Schwestern und Brüder,

seht auf **Christus** *nicht wie auf eine Schlange*, und laßt eure Augen nicht nur danach suchen, was ***uns*** Rettung verschafft!

Schaut vielmehr auf den, der erhöht wurde und zur Rechten Gottes sitzt, und achtet dabei auf das, was ER geliebt und gelitten hat!

Ich gestehe: Meine Augen sehen nicht 24 Stunden am Tag auf den Herrn.

Aber meine Augen, mein Herz, mein Inneres ist ganz auf Gott ausgerichtet:

Ihm vertraue ich.

Ihm gehorche ich.

Ihm folge ich nach, so gut oder schlecht ich es eben vermag.

Herr, ich glaube - hilf meinem Unglauben!

AMEN.

Judica, 21. März 2010, Ev. Kirche Schönow-Buschgraben, Berlin-Zehlendorf

Liebe Schwestern und Brüder,

die Passionszeit schreitet voran. Heute befinden wir uns bereits am fünften Sonntag, der den Namen "Judica" trägt, "Richte".

Um Recht und Gerechtigkeit also geht es - ein schwer einzugrenzendes Themenfeld, wenn man sich nicht von vornherein darauf festlegt, daß wir ja - in Luthers Diktion - "allzumal Sünder" seien, daß - wie es im Römerbrief heißt - "keiner gerecht ist, auch nicht einer".

Wenn man sich darauf festlegt, bleibt im Grunde wenig zu sagen. Die Predigt kann dann wohl noch die Tiefe menschlicher Schuld auszuleuchten sich bemühen und zugleich den Reumütige Wege aufzeigen, wie sie Rettung finden bei dem, der Gnade vor Recht ergehen läßt, indem er uns seine Gerechtigkeit zurechnet. Aber damit schließt sich dann auch schon der Kreis.

So bleibend wichtig diese theologische Grunderkenntnis der Reformation ist: auf die Dauer ist es eintönig, den immer gleichen Dreisatz von der Schuld des Sünders, der Schuldübernahme durch den Sündlosen und die Zurechnung seiner Gerechtigkeit für die, die an ihn glauben, zu wiederholen.

Außerdem bleibt dann regelmäßig unberücksichtigt, was an manch anderer Stelle der Bibel zum Thema "Gerechtigkeit und Recht" gesagt ist. Und schließlich kann es uns ja auch nicht egal sein, was es mit dem zwischenmenschlichen Recht auf sich hat und wie es mit dem Verhältnis zwischen der Rechtsetzung und dem Rechtsempfinden steht.

Und damit ist wieder ein weites Feld eröffnet, aber die schon gehörten Lesungen aus dem zweiten Buch Mose und dem Lukasevangelium grenzen dies ja wieder ein wenig ein. Hinzu kommt jetzt noch als Predigttext Psalm 58, den ich Ihnen in der Übersetzung von Kurt Marti vorlesen möchte - nicht ohne zuvor die Warnung auszusprechen, daß jetzt schwer Erträgliches zu Ohren kommt; nicht zufällig findet sich dieser Psalm weder in der Auswahl der Predigtperikopen noch unter den Wochenpsalmen:

Dem Chorleiter. Nach "Verderbe nimmer". Von David, unauslöschlich.

Ehrlich, ihr "Göttlichen": Sprecht ihr in Wahrheit Recht, richtet ihr redlich die Menschenkinder?

Nein, ihr entscheidet mit falschem Herzen im Lande, Unrecht wägen ab eure Hände.

Abtrünnig sind die Frevler vom Mutterschoß an, Lügner, abgeirrt seit ihrer Geburt!

Ihr Gift ist gleich dem Gift einer Schlange, gleicht dem der tauben Otter, die ihr Ohr verschließt, die nicht hört auf die Stimme der Beschwörer, des kundigen Zaubersprechers.

Gott, zermalme ihnen die Zähne im Maul, zerschlage, Herr, das Gebiß der Löwen!

Sie sollen zergehen wie Wasser, die sich verlaufen, verwelken wie Gras auf dem Wege, wie die Schnecke, die im Schleime sich auflöst!

Fehlgeburt eines Weibes, die die Sonne nie schaut!

Ehe ihre Dornen wachsen zum Dornstrauch, weht Gottes lebendiger Glutwind sie weg.

Der Bewährte freut sich, wenn er die Ahndung schaut, wenn er seine Füße badet im Blut des Frevlers.

Dann werden die Menschen sagen: Ja, es gibt Frucht für die Bewährten! Ja, es gibt noch einen Gott, der auf Erden richtet!

Ich sagte es ja, liebe Geschwister: Ein schweres Geschütz - vor allem Vers 11, wo die Füße im Blut der Frevler gebadet werden.

Dieser Psalm scheint genau in das Klischee zu passen, wonach das Alte Testament voll ungezügelter Rachelust sei, wohingegen das Neue Testament durchdrungen ist vom Geist der Versöhnung, der Liebe und Milde.

Blicken wir also in das Neue Testament, ehe wir weiter nachdenken! Schauen wir, was Jesus sagt! In der Bergpredigt lesen wir: Selig, die hungern und dürsten nach der Gerechtigkeit - sie werden gesättigt werden.

Und wie sieht das aus, wenn die Hungrigen satt werden, wenn die, die nach Gerechtigkeit dürsten, ihr Verlangen gestillt sehen?

Daß die in Exodus 23 angesprochen Verfahrensregeln eingehalten werden, dürfen wir hier und heute erwarten. Daß es den im Lukasevangelium skizzierten offensichtlich korrupten Richter in unserem Rechtsstaat nicht gibt, möchten wir voraussetzen; sicher sein können wir jedoch nicht, obwohl sich Europa dem Gedanken des friedlichen Interessenausgleichs verschrieben hat und sich einen gediegenen Justizapparat leistet.

Dennoch gibt es auch hierzulande Menschen, die sich ungerecht behandelt fühlen - ob nun berechtigterweise oder nicht, sei dahingestellt.

Die meisten von ihnen halten still - noch.

Noch hält der soziale Friede, noch hat das Bedürfnis nach Harmonie die Oberhand, noch sind Unruhen auf vergleichsweise wenige Krawallmacher beschränkt.

Aber es kann auch anders abgehen. Nicht nur im Nahen Osten fliegen Steine, wenn Protest erhoben wird. Auch in unserem Nachbarland Frankreich gab es schon brennende Autos in den Vorstädten.

Und wenn wir wieder zurück in die Bibel blicken, blitzt ganz am Ende des Neuen Testaments auf, welche Genugtuung diejenigen empfinden, die nicht auf Schmerzensgeld aus sind, denen "Wiedergutmachung" gar nicht geschehen kann, sondern die auf Rache sinnen: Sie wollen den Tyrannen am Boden liegen sehen, sie sind erst zufrieden, wenn die Hure Babylon fällt, wenn sie, die Ohnmächtigen im Römischen Unterdrückungssystem, Teilhaber der Allmacht Gottes geworden sind, während den vormals Mächtigen alles aus den Fingern gleitet.

Kann man es ihnen verdenken?

Wohl nur dann, wenn man die Wut der Ohnmächtigen nicht kennt.

Unser Psalm beginnt ja mit einer etwas merkwürdigen Anrede: Ihr "Göttlichen": Sprecht ihr in Wahrheit Recht, richtet ihr redlich die Menschenkinder?

Sind damit - analog den "Halbgöttern in weiß" - Menschen gemeint, die ihre herausgehobenen Positionen mißbrauchen? Möglicherweise ist sogar an Dämonen gedacht. Das muß offen bleiben, doch klingt die spöttische Bezeichnung "Ihr Göttlichen" plausibel als Ironie gegenüber Leuten, die sich Macht nur anmaßen, die sich Juristen nennen, aber mitnichten der Gerechtigkeit verpflichtet sind.

Nun will ich als Theologe den Fachleuten von der Rechtskunde nicht zu nahe treten. Aber soviel weiß doch auch ich: daß es eine Diskrepanz gibt zwischen Gesetzen und Gerechtigkeit, zwischen Rechtssetzung und Rechtsprechung einerseits und dem Empfinden andererseits.

Wenn geltendes Recht verletzt wird, empfindet das nicht jedermann als Problem, im Gegenteil: Viele Leute sympathisierten mit dem stellvertretenden Polizeichef von Frankfurt am Main, als dieser - rechtswidrig - Foltermethoden verteidigte, wo es galt, einen Kidnapper zu einem möglicherweise lebensrettenden Geständnis zu drängen. Vom Mundraub will ich erst gar nicht reden, das ist ja auch juristisch geregelt. Aber wo die Mogelei aufhört und der Betrug beginnt, ist nicht leicht zu sagen. Und ist eine millionenschwere Steuerhinterziehung dem Prinzip nach verwerflicher als falsche Angaben gegenüber der Haftpflichtversicherung?

Wenn die "Göttlichen", die in ihren festlichen Roben über alles Menschliche erhaben Scheinenden sich anfällig zeigen für menschlich- allzu Menschliches, verderben sie mehr als ihre persönliche Integrität, sie beschädigen das Vertrauen in das Justizwesen.

Es sieht so aus, als sei in Italien das Austricksen der Gerichte gegenwärtig Regierungspolitik: der Ehrliche ist ganz offenkundig der Dumme und braucht sich, da er den Schaden hat, um den Spott seiner Nachbarn nicht zu kümmern.

Mit einer gewissen Arroganz sprechen wir von "Bananenrepubliken", in denen das an der Tagesordnung ist, was der Psalmbeter beklagt: Ihr entscheidet mit falschem Herzen im Lande, Unrecht wägen ab eure Hände. Abtrünnig sind die Frevler vom Mutterschoß an, Lügner, abgeirrt seit ihrer Geburt!

"Wo Unrecht zu Recht wird, wird Widerstand zur Pflicht!" - Das sagt sich so leicht, aber wenn dieser außerhalb der Parlamente agiert, womöglich gar im Untergrund stattfindet, dann rümpfen wir abermals die Nase und finden, man müsse das doch auch mit zivilisierten Methoden, auf Grundlage geltenden Rechts, am besten in einem fairen Kräftemessen bei einer demokratischen Wahl regeln können.

Kann man aber nicht, weil es dabei um Macht geht, und die gibt niemand freiwillig aus der Hand. Normalerweise hört sich eine Machtclique nicht seelenruhig Sprüche an wie "Stasi in die Produktion!", sondern reagiert wie in China, in Myanmar, im Iran mit brutaler Gewalt auf derartige Parolen, mögen sie aus unserer Sicht auch noch so berechtigt sein.

Wer solches erleiden oder auch nur ohnmächtig mit ansehen muß - kann der nicht schnell auf den Gedanken kommen, den der Psalmbeter formuliert hat: Sie sollen zergehen wie Wasser, die sich verlaufen, verwelken wie Gras auf dem Wege, wie die Schnecke, die im Schleime sich auflöst!

Liebe Gemeinde, von einer Seligpreisung habe ich anfangs gesprochen. Wir sehen jetzt mehr und mehr, daß unser Psalm in etwa das Gegenteil in Worte faßt: den Fluch.

Den kann und will ich nicht rechtfertigen. Nur: ehe jetzt abermals der Gedanke auftaucht, daß der alttestamentliche Rachegott abstößt und wir uns besser an den barmherzigen Gott halten, den wir als Vater Jesu Christi kennen, sei darauf hingewiesen, daß es sich hier um einige wenige Fußnoten der jüdischen Tradition - 2500 Jahre vor der Shoa - handelt, die schon allein deshalb im Neuen Testament viel seltener auftauchen, weil diese Schrift in viel kürzerer Zeit entstand.

Wenn ein gleich langer Zeitraum wie der, auf den Israel damals schon zurückblickte, seinen Niederschlag gefunden hätte in der christlichen Bibel, wenn etwa die Mission mit Feuer und Schwert darin Eingang gefunden hätte oder die Kreuzzüge, dann wäre das Triumphgeheul über den Sturz der Hure Babylon oder ein wutentbrannter Jesus, der die Händler aus dem Tempel vertreibt, für uns nicht so ungewohnt und ließe sich nicht beiseite drängen, wie das in unseren Kirchen zumeist geschieht.

Was soll denn aber ein - sagen wir - Anwohner einer Atommüll-Endlagerstätte davon halten, daß seine Rechte als Bürger in diesem unserem Lande nicht ausreichen, eine tödliche Gefahr abzuwehren? Wenn der auf die Buchstaben unserer Gesetze hingewiesen wird, die der Allgemeinheit Vorrang einräumen gegenüber Partikularinteressen, dann kann er doch eigentlich nur noch mit dem Psalmisten fluchen: Ihr Gift ist gleich dem Gift einer Schlange, gleicht dem der tauben Otter, die ihr Ohr verschließt, die nicht hört auf die Stimme der Beschwörer, des kundigen Zaubersprechers.

Denn für gesunden Menschenverstand ist ja offenbar kein Raum, wo es um gewichtige Wirtschaftsinteressen geht.

Immerhin: Der ohnmächtig an den Rand gedrängte - ich stelle mir heutzutage vor - Arbeitslose ohne Krankenversicherung in den USA greift nicht zum Messer oder Gewehr und läuft Amok, weil er nicht mehr weiß, wohin mit seiner Wut über die herrschenden Verhältnisse. Er ruft: Gott, zermalme ihnen die Zähne im Maul, zerschlage, Herr, das Gebiß der Löwen!

Noch einmal: Ich möchte nicht Gewaltphantasien das Wort reden, sondern darauf hinweisen, daß hier jemand inbrünstig hofft, daß Unrecht aufhört, daß jemand ihm Recht schafft - und dieser jemand ist niemand anders als Gott selbst: Ehe ihre Dornen wachsen zum Dornstrauch, weht Gottes lebendiger Glutwind sie weg.

So hofft er, ausgehungert und vor Durst nach Gerechtigkeit vergehend.

Wie ist das, wenn ein solcher Mensch doch noch satt wird? Wie hat man sich das Eingreifen Gottes vorzustellen, das seinen tiefen Durst endlich stillt?

Das biblische Ur-Datum - die Befreiung aus der Sklaverei Ägyptens - war keine friedliche Verhandlung, das ging nicht ab ohne Blut, Schweiß und Tränen. Und dennoch stelle ich mir Gottes Eingreifen auch lieber so vor, daß Starrsinnige zur Einsicht kommen, daß Despoten zum Rücktritt gedrängt werden und Gerichte Urteile sprechen, die dem Allgemeinwohl verpflichtet sind und dem gesunden Menschenverstand einleuchten.

Dann werden die Menschen - auch Sie und ich - sagen: Ja, es gibt Frucht für die Bewährten! Ja, es gibt noch einen Gott, der auf Erden richtet.

AMEN.

Palmarum, 24. März 2002

Liebe Schwestern und Brüder,

eine Predigt ist eine Predigt, und ein Psalm ist ein Gebet.

Wenn ich heute den 69. Psalm auslegen möchte, dann will ich nicht dessen Eigenart als Gespräch mit Gott dadurch verderben, daß ich im vermeintlich typischen Predigt-Stil über Gott rede.

Vielleicht sollte ich überhaupt weniger selbst sagen und dafür umso mehr den Psalmbeter zu Wort kommen lassen; schon aus Zeitgründen wäre das wohl zu empfehlen, denn der Psalm ist ziemlich lang:

Hilf mir, Gott!
Das Wasser steht mir bis zum Hals!
Ich versinke im Schlamm, meine Füße finden keinen Grund.
Ich treibe ab in tiefes Wasser, die Strömung reißt mich mit sich fort!
Bis zur Erschöpfung habe ich geschrieen, ich bin schon heiser.
Meine Augen sind müde geworden, weil ich immerzu nach dir, mein Gott, Ausschau gehalten habe!
Ohne jeden Grund hassen mich mehr Leute, als ich Haare auf dem Kopf habe.
Mächtige Feinde verbreiten Lügen über mich und wollen mich vernichten.
Ich soll wieder herausgeben, was ich gar nicht gestohlen habe!

Du allein, Gott, kennst meine Verschuldung, und meine Verfehlungen entgingen dir nicht.
Herr, du Herrscher der Welt, Gott Israels, du mächtiger Gott, enttäusche nicht die, die mit dir rechnen!
Wenn sie sehen, daß du mir nicht hilfst, könnten sie ihre Hoffnung verlieren.
Weil ich zu dir gehöre, werde ich verspottet, für dich erleide ich Schimpf und Schande.
Meinen Verwandten bin ich ein Fremder geworden, selbst meine Brüder kennen mich nicht mehr.
Der Eifer für dich verzehrt mich wie ein Feuer. Der Hohn, mit dem man dich lästert, trifft mich.
Ich weine und verweigere das Essen - doch dafür werde ich nur ausgelacht.
Ich gehe in Sack und Asche - und sie johlen, wenn sie mich sehen.
Dort, wo die Leute zusammenkommen, bin ich der Anlaß für ihren Klatsch und für die Spottlieder Betrunkener.

Doch ich bete zu dir, Herr! Hilf mir in der Stunde, die du bestimmst!
Du bist so reich an Güte, darum erhöre mich! Du bist doch der Retter, auf den Verlaß ist.
Laß mich nicht im Schlamm versinken, zieh mich heraus!
Rette mich vor denen, die mich hassen! Zieh mich heraus aus dem tiefen Wasser!
Sonst treibt die Strömung mich fort, der Abgrund verschlingt mich, die Grube schließt sich über mir!

Erhöre meine Bitte, Herr, denn deine Güte tut mir gut; wende dich mir zu in deinem Erbarmen!
Ich bin doch dein Diener, verbirg dich nicht länger vor mir!
Ich bin voller Angst, erhöre mich bald!
Komm zu mir, befreie und rette mich, damit meine Feinde schweigen müssen!

Du kennst meine Schmach und alle meine Widersacher!
Der Hohn bricht mir das Herz, ich bin zutiefst verletzt.
Ich habe auf Mitleid gehofft - vergebens!, auf Tröster - aber ich fand sie nicht.
Sie gaben mir Gift als Nahrung und Essig als Trank für meinen Durst.

Ihre Opfergelage sollen ihnen zum Fallstrick werden,
der sie ins Verderben bringt, sie und ihre Tischgenossen!

Laß sie blind werden, daß sie nicht mehr sehen, mach sie für immer kraftlos und krank!
Schütte deinen Zorn über sie aus, hole sie ein mit der Glut deines Grimms!
Ihr Lagerplatz soll verwüstet werden, mach ihre Zelte menschenleer!
Denn erbarmungslos jagen sie mich, den deine Strafe doch schon getroffen hat, und sie reden gern von den Schmerzen derer, denen du Wunden geschlagen hast.
Rechne ihnen all ihre Schuld an, damit sie nicht zu deinem Heil kommen!
Streiche ihre Namen aus dem Buch des Lebens, damit sie nicht eingeschrieben sind unter denen, die dir die Treue halten!

Ich bin arm und von Schmerzen geplagt; durch deine Hilfe, Gott, bring mich in Sicherheit!
Dann kann ich dich preisen mit meinem Lied und deine Größe verkünden durch meinen Dank
Das ist dir lieber, als wenn ich ein Rind für dich schlachte, dir einen starken Stier als Opfer bringe.
Die Unterdrückten werden es sehen, und sie werden sich freuen.

Ihr alle, die ihr nach Gott fragt: Neuer Mut soll eure Herzen erfüllen!
Denn der Herr hört das Rufen der Hilflosen, er läßt die Seinen nicht im Stich, wenn sie gefangen sind.
Himmel und Erde sollen ihn preisen, die Meere und alles, was darin lebt!
Denn der Herr wird den Zionsberg befreien und die Städte in Juda wieder aufbauen.
Sein Volk wird wieder dort wohnen und das Land besitzen.
Die Kinder seiner Diener werden es erben, und alle, die den Herrn lieben, werden dort wohnen.

Vielleicht, liebe Geschwister, lassen sich die Gedanken des ins Gefängnis geworfenen Frommen, der seine Unschuld beteuert und Gott zum Zeugen dafür anruft, am ehesten in Form einer Tagebuchnotiz wiedergeben; ich will es zumindest versuchen:

Donnerstag, 21. März 2002:

Ich bin ja selbst schuld, wenn alle gegen mich sind!

Warum muß ich mich auch überall einmischen; das bringt mir nichts als Ablehnung ein!

Und Gott scheint es überhaupt nicht zu belohnen, wenn man sich für seinen Willen einsetzt.

Man fährt besser, wenn man nichts hört und nicht sieht und nichts sagt!

Wenn die Menschen in Deutschland nun mal Angst haben vor Ausländern - auch wenn sie eigentlich unbegründet ist -, warum kann ich dann nicht einfach meinen Mund halten, statt mich mit allen anzulegen?!

Aber ich kann nicht anders; es bringt mich um, wenn Menschen ausgegrenzt und angepöbelt werden, nur weil sie woanders geboren sind, eine andere Hautfarbe haben, nicht fließend deutsch sprechen. Wir sind doch alle Kinder Gottes!

Kein vernünftiger Grund, nur Wahlkampfgetöse spricht gegen das Gesetz über die Zuwanderung; aber wenn man sich dazu äußert, erntet man nichts als Verachtung!

Der einzige Lichtblick heute war die Lektüre des SPIEGEL-Interviews mit dem britischen Historiker Hobsbawn: Jetzt, mehr als ein halbes Jahr nach den World-Trade-Center-Anschlägen und der daraufhin ausbrechenden Hysterie spricht mir endlich mal jemand aus der Seele! Einer, der weiß, wovon er spricht, warnt vor dem Weltmachtstreben der Amerikaner und ihrer Rücksichtslosigkeit auch gegenüber sogenannten Freunden. Wenn es um ihre wirtschaftlichen oder militärischen Vormachtbestrebungen geht, kennen die nämlich keine „Verbündeten“ mehr, allenfalls Satelliten! Gebe Gott, daß die Menschen in Europa endlich aufwachen und die Lügen durchschauen!

Freitag, 22. März 2002:

Gott sei Dank: Der Bundestag hat mit den Stimmen aller Parteinen das Kyoto-Protokoll befürwortet. Alle Welt weiß doch, wie schlimm es um unsere Umwelt bestellt ist! Meistens ist es doch so: Wenn man Zwangsmaßnahmen wie höhere Benzinpreise oder das Dosenpfand befürwortet, gilt man leicht als Miesmacher, mit dem niemand etwas zu tun haben will!

Das Schlimmste aber ist, daß selbst unter meinen Glaubensgenossen der Zeitgeist um sich greift! Sie feiern Festgottesdienste in prunkvollen Kathedralen und finden sich mit der Armut der Armen, mit der Massenarbeitslosigkeit und dem Krieg in der Welt einfach ab. *So ist die Welt*, sagen sie, *solange Christus noch nicht wiedergekommen ist und endgültig sein Reich errichtet hat.*

Das ist so verlogen, so scheinheilig! Warum macht Gott all dem nicht ein Ende, warum sieht er mit an, wie sein Name mißbraucht wird?!

Sie nennen mich einen Spielverderber und sagen, ich müsse endlich erwachsen werden. Man kann nicht sein Leben lang den Jugendträumen von einer besseren Welt nachhängen. Man muß sich anpassen, Kompromisse schließen, sonst kriegt man einen Herzinfarkt oder endet in der Klapsmühle.

Sonnabend, 23. März:

Ich bin kurz davor, das Handtuch zu werfen. Sollen doch mal andere Protestbriefe schreiben gegen die Todesstrafe oder zur Demonstration gegen Atommülltransporte fahren! Warum immer nur ich?! Niemand dankt einem das, man wird krank davon, und selbst die eigenen Familienangehörigen schütteln den Kopf über mich.

Ich wünschte, ich könnte einfach die BILD-Zeitung mit ihren simplen Wahrheiten und klaren Handlungsanweisungen zur Richtschnur meines Lebens machen - dann wäre vieles so einfach! Man könnte am Stammtisch sitzen und Witze reißen - und alle würden lachen und zustimmen!

Aber nein, das wäre Selbstbetrug! Ich habe noch eine Hoffnung im Leib, ich weiß im tiefsten Herzen, daß Gott keine leeren Worte macht.

Und ich weiß, daß ER mich braucht, um seinen Willen auf Erden in die Tat umzusetzen. Deswegen wird er auch nicht einfach tatenlos mit ansehen, wie sie mich fertig machen.

Die Unterdrückten dieser Erde sind voll und ganz auf ihn angewiesen - und auf Leute, die es ernst meinen mit der Nachfolge Christi. Die sich nicht schämen, ihre Stimme für die Stummen zu erheben. Die sich nicht zu fein sind, ihre Finger schmutzig zu machen, um anderen das Leben zu retten oder zumindest erträglicher zu machen.

Liebe Gemeinde,

wer so grübelt oder - wie unser Psalmist - voller Inbrunst betet, dem geht es nicht einfach nur darum, die eigene Not zu überstehen, sondern der rechnet mit und hofft auf Gottes Eingreifen in den selbstmörderischen Lauf dieser Welt:

- um dieser Welt willen, die Gott geschaffen hat;

- um Gottes willen, der sich seinem Volk als Gott-mit-uns vorgestellt hat;

- um des eigenen Friedens eines Menschen willen, dessen Eifer für Gott und seine Schöpfung ihn verzehrt wie ein Feuer, weil er in Liebe für Gott und seine Nächsten entbrannt ist.

So wie Jesus, der ein Leben als geachteter Gesetzeslehrer hätte führen können. Aber er konnte nicht anders, als dem Ruf Gottes zu folgen und den Menschen in Wort und Tat Gottes Willen zu bezeugen.

Erst haben sie ihn bejubelt und bewundert: da traut sich mal einer was, tritt aus der Menge heraus und spricht Klartext. Aber dann waren sie doch enttäuscht und haben ihn im Stich gelassen, weil seine Anhänger eben doch die letzte Konsequenz der Nachfolge scheuten. Aber auch das hat ihn nicht mehr aufgehalten: Er ist seinen Weg der unbedingten Hingabe bis ans Ende gegangen, bis ans Kreuz, in die Verlassenheit, den Spott und Schmerz.

Und: Gott hat ihm Recht gegeben gegen seine Verächter und Folterer. So ist die Hoffnung des Psalmbeters doch noch wahr geworden - und nicht nur für ihn. Gott ist treu - über den Tod hinaus.

Wer hier seinen Lohn empfangen hat, für den gibt es darüber hinaus kaum noch etwas zu erwarten. Wer sich jedoch nicht beirren läßt und gegen alle Widerstände und Rückschläge festhält am Weg der Nachfolge, der darf einst auch sagen: Der Herr hört das Rufen der Hilflosen, er läßt die Seinen nicht im Stich.

AMEN.

Bußtag, 19. November 2008, Ev. Pflegeheim "Haus Schönow", Berlin-Zehlendorf

95 1 Kommt, laßt uns in Jubel ausbrechen für Gott, laut jauchzen dem Fels unserer Rettung!

2 Laßt uns vor sein Angesicht treten mit Dank, mit Psalmen ihm laut jauchzen!

3 Ja, eine große Gottheit ist Gott, ein großer König über allen Gottheiten.

4 In seiner Hand sind die Tiefen der Erde, die Gipfel der Berge gehören ihm.

5 Ihm gehört das Meer – er hat es gemacht, das trockene Land – seine Hände haben es gebildet.

6 Kommt, laßt uns niederfallen und anbeten, laßt uns niederknien vor Gott, der uns schuf!

7 Ja, er ist unser Gott, wir sind das Volk seiner Weide, die Herde seiner Hand.

Heute, wenn ihr seine Stimme hört, 8 verhärtet nicht euer Herz wie in Meriba, wie am Tag von Massa
in der Wüste, 9 als eure Eltern mich versuchten, mich auf die Probe stellten, obwohl sie mein Werk
sahen.

10 40 Jahre empfand ich Ekel vor dieser Generation, sagte: Sie sind ein Volk irrender Herzen, sie kennen meine Wege nicht.

11So schwor ich in meinem Zorn: Sie sollen meinen Ruheort nicht betreten!

Liebe Schwestern und Brüder,

die Worte des 95. Psalms klingen ungewöhnlich für einen Buß- und Bettag. Da schienen die Verse des 6. Psalms passender mit ihrer Bitte um Vergebung. Denn schließlich wissen wir Protestanten, daß Gott *auf aufrichtige Gebete und verantwortliche Taten wartet - und antwortet,* wie es Dietrich Bonhoeffer prägend zum Ausdruck gebracht hat.

Auf der anderen Seiten gilt aber auch: der Buß- und Bettag, den wir kirchlicherseits heute noch begehen, aber als staatlichen Feiertag eingebüßt haben, ist ein politisch gewollter Denktag gewesen, solange die Kirche zu Demut und Staatstreue aufgerufen hat - auch während der Naziherrschaft, mit allen Konsequenzen, die das damals hatte...

Und schließlich wollen wir nicht vergessen, daß Beten mehr ist als allein die Bitte um Vergebung: Da gibt es die Fürbitte für andere Menschen und alle Kreatur, da gibt es Dankgebete in allen möglichen Lebenslagen, nicht nur zu Erntedank, und da gibt es Lobgebete und Bekenntnisse, die das lebendige Verhältnis zu Gott in Worte fassen.

In unserem Psalm überwiegen Lob und Dank, dann aber kommt auch Gott selbst zu Wort - und hier werden dann jene mahnenden Töne laut, die wir wohl am ehesten erwartet hatten an einem Bußtag.

Ich möchte Ihnen eine ausführliche Erklärung zu den Hintergründen der Entstehung dieses Gebetes ersparen und statt dessen lieber danach fragen, was uns, die wir hier und heute leben und miteinander Gottesdienst feiern, diese Zeilen zu sagen haben.

Der 95. Psalm ist nicht Bestandteil unserer Predigtordnung. Ich bin durch einen Querverweis darauf gestoßen, als ich im Hebräerbrief las, wo das Stichwort "Ruhe" aufgenommen und meditiert wird. Dazu heißt es im vorliegenden Text, daß Gott beschlossen hatte, wegen des Murrens des Wüstenwandervolkes eine ganze Generation auszuschließen von jenem Ruheort, den sie ersehnten nach all der Plackerei in Ägypten.

Doch diese Strafe soll der Vergangenheit angehören: Heute - das ist das Stichwort, auf das es dem Beter des 95. Psalms ebenso ankommt wie später dem Verfasser des Hebräerbriefes. HEUTE ist die Chance gegeben, es richtig zu machen. HEUTE - wann ist das?

HEUTE ist jeden Tag, heute ist der Moment, in dem wir Gottes Stimme hören. Das muß nicht zwangsläufig mit Bibellesen einher gehen. Gott weiß und wählt verschiedene Wege, zu uns zu sprechen: das kann ein Kalenderspruch sein, das kann ein Gespräch mit anderen Bewohnern im Haus, mit Mitarbeitern oder Besucherinnen sein. Das kann morgens, mittags, abends sein oder auch mitten in der Nacht.

HEUTE. Das ist keine Datumsangabe, sondern der Moment der Gegenwart Gottes.

Heute, wenn ihr seine Stimme hört, verhärtet nicht euer Herz - so lautet meines Erachtens die zentrale Botschaft unseres Psalms.

Die Gottes Wort hören und ihm gehorchen, d.h. Gott vertrauen und ihr Leben danach ausrichten, denen ist jene Ruhe verheißen, von der der Kirchenvater Augustin gesagt hat: *Unruhig ist unser Herz - bis es Ruhe findet in Gott.*

Wenn Sie auf Ihr Leben zurückblicken: Was hat es darin nicht für Unruhe, ja Hetze, gegeben! Viele waren auf der Flucht. Jahre und Jahrzehnte sind, wie es in einem anderen Psalm heißt, dahingegangen wie ein Seufzer. Da hat man sich den Tag herbeigewünscht, an dem das Leben endlich ohne Hektik dahinfließt.

Und dann kam der Ruhestand - wie der Name schon andeutet: eigentlich gedacht zum Ausruhen nach einem arbeitsreichen Leben. Aber das ist es durchaus nicht für jedermann, denn zum einen gibt es noch immer vieles zu bedenken und manches zu tun, zum anderen lassen einen die Sorgen nicht in Ruhe schlafen, und oft genug kommen dann auch noch Schmerzen und Einschränkungen hinzu.

Hat man denn nie seine Ruhe, kommt man ein Leben lang nicht zur Ruh? Wird es erst Ruhe geben auf dem Friedhof, wenn man uns "zur letzten Ruhe" bettet?

Liebe Geschwister, die Antwort darauf lautet: Ja ***und*** nein - doch was davon überwiegt, hängt ein bißchen von jedem einzelnen von uns ab.

Ja, uns ist eine Ruhe verheißen, die uns niemand nehmen kann. Leben wir, so leben wir dem Herrn, sterben wir, so sterben wir dem Herrn, schreibt Paulus; und weiter: Deshalb: ob wir leben oder sterben - wir sind des Herrn. Im Herrn geborgen auch und gerade im Tode - das ist die letzte, uns nicht zu nehmende Ruhe.

Zugleich gilt aber auch: **Nein**, auch in diesem Leben gibt es eine Ruhe, eine letzte Beruhigung in aller Schnellebigkeit, in aller Sorge und Unrast. Unser Psalm drückt es folgendermaßen aus: Ja, er ist unser Gott, wir sind das Volk seiner Weide, die Herde seiner Hand.

Und sogleich sollten wir von vorn zu lesen beginnen und uns hineinnehmen lassen in eine heitere, fröhliche Bewegung, die nichts zu tun hat mit Unruhe: Kommt, laßt uns in Jubel ausbrechen für GOTT, laut jauchzen dem Fels unserer Rettung! (.....) Kommt, laßt uns niederfallen und anbeten, laßt uns niederknien vor GOTT, der uns schuf!

Halleluja - AMEN!

Letzter So. n. Epiphanias, 9. Februar 2003

Liebe Gemeinde!

Zu allen Zeiten fragen fromme Menschen: „Wo ist Gott?“; und wenn sie so fragen, dann weil sie ehrlich auf der Suche nach ihm sind.

Man kann aber dieselbe Frage auch als Vorwurf formulieren, indem man zu erkennen gibt, daß man gar nicht erwartet, der Gefragte könne darauf eine Antwort geben: „Schau dir doch unsere Welt an! Wie läßt sich Krieg und Haß und Not mit deinem Gott vereinbaren?!“

Wir müssen solchen Fragen nicht ausweichen, aber noch viel weniger müssen wir den lieben Gott in Schutz nehmen. Er sorgt schon selbst dafür, daß jeder Fragende seine passende Antwort erhält.

Liebe Schwestern und Brüder, ich gehe davon aus, Sie sind hier, weil Sie ernsthaft interessiert sind, Gott nahe zu kommen. Und dennoch kann auch Sie, kann uns alle die Ratlosigkeit befallen: "Wo soll ich denn anfangen zu suchen?" "Wie kann ich ihn denn erkennen?"

Manch einer hat die Suche nach Gott aufgegeben, obwohl er früher einmal ganz sicher war, Gott bereits gefunden zu haben. Manch anderer scheut sich, die Suche überhaupt aufzunehmen, und findet stets aufs neue gut klingende Argumente für sein Zögern.

Wir haben zwei Geschichten aus der Bibel gehört, die – obwohl sehr unterschiedlich – nicht zufällig, sondern ganz bewußt für den heutigen Gottesdienst ausgewählt wurden, weil in beiden besondere optische Phänomene geschildert werden, die *dadurch* zu außergewöhnlichen Erscheinungen werden, daß Gott mit diesen Naturschauspielen in Verbindung gebracht wird: Der brennende, aber eben nicht *ver*brennende Dornbusch weckt das Interesse des Mose; doch es ist Gott selbst, der auf diese Weise zu sich hinführt, sich finden läßt von einem, der ihn gerade *nicht* gesucht hat. Und die Jünger Jesu erleben einen unvergeßlichen Sonnenaufgang, bei denen ihnen klar wird, daß Jesus *mehr als ein neuer Prophet*, nämlich der verheißene Messias ist.

Gott läßt sich finden, Gott zeigt sich, er teilt sich uns mit – und wir können angesichts des vorliegenden biblischen Befundes zunächst einmal nur staunen. Einerseits ist es tatsächlich so, wie Gott versprochen hat: Er läßt sich finden und hilft uns sogar bei der Suche, indem er unsere natürliche Aufmerksamkeit zu sich hin lenkt. Andererseits macht uns das noch ratloser, wenn wir die Suche selbst in die Hand nehmen wollen. Denn die Fragen: "Wo sollen wir denn anfangen zu suchen?" und: "Wie können wir ihn denn erkennen?" sind anscheinend nicht zu beantworten, wenn schon in nur zwei biblischen Geschichten völlig Unterschiedliches zutage tritt.

Mag sein, daß jemand nun zurückschreckt und ja keine weiteren Geschichten der Selbstoffenbarung Gottes mehr hören möchte, um die vorhandene Ratlosigkeit nicht noch größer werden zu lassen.

Ich habe manchmal die Befürchtung, daß viele Christenmenschen ein solch angstbesetztes Verhältnis zur Bibel haben: Sie lesen lieber nicht zu gründlich, um nicht auf unbeantwortbare Fragen zu stoßen; und auch der Pfarrer soll in der Predigt lieber keine Probleme aufwerfen, sondern möglichst überschaubare Antworten geben, jenen Trost spenden, der daher kommt, daß die Glaubens-Welt irgendwie wieder in Ordnung ist.

Liebe Geschwister, ich vertraue darauf, daß die Bibel in ihrer Vielstimmigkeit Gottes Wort des Lebens ist. Es zu hören und zu beherzigen – das heißt: offenen Geistes wahrzunehmen – ist bereits der Anfang jener Suche nach Gott, die seine Verheißung hat, daß man ihn finden werde.

Daß Gott dem Mose im Dornbusch, Jesus jedoch den Jüngern im gleißenden Sonnenlicht erschien, hat vermutlich am allermeisten mit den jeweiligen Situationen zu tun, in denen diese staunenswerten Erscheinungen zu betrachten waren. Deswegen würde wohl trotzdem niemand behaupten wollen, Gott **sei** ein brennender Dornbusch usw..

Gott ist frei, wann und wie er sich wem zu erkennen gibt. Und ich bin zutiefst überzeugt, daß auch wir hoffen dürfen, ihn zu finden, wenn wir uns ernsthaft auf die Suche nach ihm machen.

Gerade daß in dem 97. Psalm, den wir vorhin schon hörten und gleich noch einmal hören werden, weitere Erscheinungsweisen Gottes aufgezählt werden, gibt uns den Blick frei für unsere persönliche Suche nach Gott, die eben etwas anderes ist, als wenn man im Memory-Spiel eine Karte bereits in der Hand hält und nun nur noch die zweite Hälfte benötigt, um ein Paar zusammenzubringen. Ich lese:

Der Herr ist König! Jubeln soll die ganze Erde, freuen sollen sich die fernsten Länder!

Dichtes Wolkendunkel umgibt den Herrn; sein Thron ist gegründet auf Recht und Gerechtigkeit. Feuer läuft vor ihm her und verzehrt alle seine Feinde. Seine Blitze erhellen die ganze Welt, die Erde sieht es und zittert. Die Berge zerfließen wie Wachs vor dem Herrn, dem Herrscher der ganzen Erde. Der Himmel bezeugt seine Treue, und alle Völker sehen seine Herrlichkeit. Alle, die Götterbilder anbeten und mit ihren toten Götzen prahlen, werden zuschanden und müssen sich schämen; denn alle Götter werfen sich nieder vor dem Herrn. Die Zionsstadt hört es voll Freude, alle Städte in Juda jubeln, weil du, Herr, den Sieg errungen hast. Herr, du bist der Höchste in der Welt, himmelhoch stehst du über allen Göttern!

Ihr, die ihr den Herrn liebt, haßt alles Böse! Ihr gehört zu ihm, darum bewahrt er euer Leben; er befreit euch aus der Gewalt der Verbrecher. Bald geht die Sonne auf für alle, die ihm die Treue halten und ihm mit ganzem Herzen gehorchen; dann werden sie voller Freude sein! Freut euch über den Herrn, ihr, die ihr treu auf seiner Seite steht! Darum dankt ihm und denkt daran, daß er heilig ist!

Liebe Gemeinde!

Viel strenger als wir Christenmenschen beherzigen die Juden das Bilderverbot, vermeiden jede auch nur begriffliche Festlegung Gottes.

Und doch: Bestimmte Aussagen *kann* man nicht nur machen – man muß es geradezu; und dazu gehört: **Gott ist König.** Er beherrscht nicht „nur“ (als wäre das nichts!) die Naturgewalten, er ist nicht nur jedes Geschöpfes Schöpfer, sondern vor ihm erweisen sich auch alle vermeintlichen Götter als Nichtse, als lächerliche Ausgeburten menschlicher Phantasie.

Dieser oder jener mag schmunzeln angesichts der altertümlichen Darstellungen von Ursache und Wirkung: Der Herr läßt sich sehen – und schon zerfließen die Berge wie Wachs, seine Blitze zucken am Himmel, da erzittert die Erde... Genauso holzschnittartig wie diese Verse ist der gesamte Schöpfungsbericht verfaßt. Doch ebenso wie dort wird hier kein naturwissenschaftlicher Bericht abgegeben, sondern nur das allen Bekannte in den Rahmen der Gottesbeziehung einbezogen.

Ich habe dabei den Eindruck, daß die erwähnten Naturphänomene eigentlich mehr am Rand notiert werden, sozusagen der Vollständigkeit halber. Wesentlich wichtiger scheint die vorangestellte Aussage: "Sein Thron ist gegründet auf Recht und Gerechtigkeit."

Ich denke, diese Aussage ist für uns moderne Menschen sogar leichter zugänglich, weil sie über den naturwissenschaftlichen Zweifel erhaben ist.

Die Vorstellung Gottes als eines "Königs des Rechts" bietet uns einen breiten Zugang, wenn wir uns wirklich ernsthaft auf den Weg machen wollen, um in unserem Leben Gott zu suchen und zu finden. Denn für den Umgang mit diesem Gott werden - nur wenige Verse später - ganz deutliche Anweisungen gegeben: "Ihr, die ihr den Herrn liebt, haßt alles Böse! (.....) Dankt ihm und denkt daran, daß er heilig ist!"

Wir sind, das zeigt gerade dieser buntschillernde Psalm – nicht auf ein Wunder angewiesen, wie es Mose oder den Jesusjüngern zuteil geworden ist, wenn wir Gott begegnen, wenn wir Gemeinschaft mit ihm haben wollen:

Gott läßt sich finden von denen, die seinen Willen ernst nehmen.

Damit ist die Frage beantwortet, ***wo*** wir denn anfangen sollen zu suchen: Bei Gottes Wort, bei seinem manifesten Willen, bei seinem Gebot, das er uns mitgeteilt hat, um uns den Weg zum Leben zu weisen.

Und auch die zweite eingangs gestellte Frage nach der "Erkennbarkeit Gottes" zu beantworten wird damit, meine ich, möglich: Denn bei allem Respekt und aller gebotenen Zurückhaltung weiß doch die Bibel Gott und sein Reich dem Leben, der Freude, dem Frieden und der Gemeinschaft zuzuordnen.

Aber damit ist noch nicht alles gesagt über das, was es an unserem Wochenpsalm zu beobachten gibt.

Ich möchte zum Schluß Ihre Aufmerksamkeit auf den Psalm im ganzen lenken, auf seine Sprachform und Redeweise:

Hier wird **gelobt** - vom Anfang bis zum Ende. Das können gerade wir nüchternen Protestanten uns nicht oft genug klar machen!

Ohne daß ich irgend etwas von dem, was ich eben über den Zugang zu Gott sagte, zurücknehmen möchte, muß ich doch dieses hinzufügen: Auch so finden wir Gott nicht, wenn wir abermals mit einer Memory-Karte in der Hand - diesmal vielleicht eines der zehn Gebote - nach einer Entsprechung suchen, die wir mit unserem Leben Gott „anbieten" könnten. Das ist ja gerade der gescheiterte Versuch, einen gnädigen Gott zu bekommen, wie Luther zu recht kritisiert hat.

Das mit der Entsprechung (Memory-Karte) kommt schon noch, aber es muß wachsen, es muß die Frucht sein dessen, daß wir Gott und seinen Willen kennengelernt haben.

Der Himmel bezeugt seine Treue, und alle Völker sehen seine Herrlichkeit. (.....) Die Zionsstadt hört es voll Freude, alle Städte in Juda jubeln, weil du, Herr, den Sieg errungen hast. Herr, du bist der Höchste in der Welt, himmelhoch stehst du über allen Göttern!

Bevor Gott irgend etwas von uns fordert, ***schenkt*** er uns: das Leben und die Freiheit. Wer das nicht erkannt hat, der wird den Verdacht nicht abschütteln können, unser Gehorsam sei als Tauschgeschäft gemeint.

Ja, wer dem Jubel Zions nicht zustimmen kann, dem wird es schwerfallen, Gott mit guten Werken zu loben. Wie sollte man lieben, den man nicht kennt, wie antworten, wenn man kein Wort vernommen hat?!

Wir aber, liebe Geschwister, kennen den Unterschied zwischen Gott und Götzen, zwischen Sein und Schein. Wir haben die Liebe Gottes in Jesus Christus erfahren, und wir hören von den großen Taten an seinem Volk Israel.

Nun gilt uns der Ruf: Freut euch über den Herrn, ihr, die ihr treu auf seiner Seite steht! Darum dankt ihm und denkt daran, daß er heilig ist!

Daß es hier kein Mißverständnis gibt: Nur Fundamentalisten würden ein Gegenüber behaupten zwischen Gottes treuen Gefolgsleuten, den Christen, und den Angehörigen anderer Religionen, den Muslimen zumal.

Auf Jesu Seite stehen, die den Frieden stiften, Versöhnung suchen und sich mühen, das Böse mit Gutem zu überwinden.

Wie immer eifrig oder zögerlich jemand sein persönliches Gottesverhältnis auslebt - wer in seinem Alltagshandeln Nächstenliebe und Ehrfurcht vor dem Leben praktiziert, der lobt Gott ganz handgreiflich und darf sich zu denen zählen, von denen der Psalmist sagt: Bald geht die Sonne auf für alle, die ihm die Treue halten und ihm mit ganzem Herzen gehorchen; dann werden sie voller Freude sein!

DER GOTT DER HOFFNUNG ERFÜLLE EUCH MIT ALLER FREUDE UND MIT ALLEM FRIEDEN IM GLAUBEN, AUF DAß IHR IMMER REICHER WERDET AN HOFFNUNG DURCH DIE KRAFT DES HEILIGEN GEISTES.

AMEN.

Kantate, 14. Mai 2006

SINGET DEM HERRN EIN NEUES LIED, DENN ER TUT WUNDER - liebe Fest-Gemeinde!

Nicht immer kommen wir den Weisungen Gottes so unmittelbar nach wie heute, am Sonntag "Kantate", an dem manche vielleicht mehr auf den "Muttertag" eingestimmt sind; wir jedoch feiern in erster Linie Konfirmation.

Wenn es auch manches womöglich nicht in ausreichendem Umfang gegeben hat, liebe Konfirmandinnen und Konfirmanden - gesungen, denke ich, haben wir in dem gemeinsamen Jahr, das nun hinter uns liegt, reichlich; und zwar vor allem anderen *neuere Lieder*, die nicht immer auf große Gegenliebe stoßen, wenn wir sie im Gottesdienst mit der ganzen Gemeinde anstimmen.

Früher pflegte man zu sagen: "Wo gesungen wird, da laß dich ruhig nieder! Böse Menschen haben keine Lieder." Da gab es noch keine "Störkraft" und andere indizierte Haßmusik, die man - da nicht im Handel erhältlich - von den einschlägigen Internetseiten herunterladen kann, wenn man mit den Wölfen heulen will, statt dem Herrn ein Loblied zu singen.

Und doch war auch früher das zitierte Sprichwort irreführend. Man frage einmal die heute über 70jährigen, was für Lieder man ihnen beigebracht hat bei den Pimpfen und in der Hitlerjugend. Das waren die "neuen" Lieder *damals*, die im völkischen Deutschland gern angestimmt wurden, die viele begeisterten und mitrissen, so wie man das heute eigentlich nur noch erlebt, wenn die eigene Fußballmannschaft im heimischen Stadion vorne liegt.

Singt dem Herrn ein neues Lied... Ich denke, um zu erfassen, worauf der Psalmist hinaus will, müssen wir absehen von jeweils zeitgenössischen Melodien und Rhythmen. Neu wird ein altbekanntes und beliebtes Lied wie "Nun danket alle Gott" mitunter schon dadurch, daß man einige Worte ändert und so dem Ganzen einen anderen Sinn, einen neuen Geist verleiht.

Wes Brot ich eß, des Lied ich sing ist auch so eine alte Redensart, die aufs erste Hören logisch, aufs zweite schon problematisch klingt - schließlich möchte niemand auf Gedeih und Verderb von seinem Brötchengeber abhängig sein und nur noch Ja und Amen sagen sollen. Aber recht verstanden - und "recht verstanden" bedeutet für mich: biblisch verstanden - ist diese Volksweisheit durchaus geeignet, uns daran zu erinnern, in welchem Geist all jene Lieder gesungen werden sollen, die wir manchmal sehr feierlich, manchmal aber auch "just for fun" in den Mund nehmen: ER tut Wunder, unser Gott, singt IHM deshalb eure Lieder!

Hören wir uns den Psalm einmal im ganzen an:

❶ Singt dem HERRN ein neues Lied! Er hat Wunder für uns vollbracht: Durch seine große göttliche Macht hat er den Sieg errungen. ❷ So hat er den Beweis erbracht, daß er rettet. Allen Völkern hat er gezeigt: Auf ihn ist Verlaß! ❸ Er hat sein Versprechen eingelöst und hat Israel Güte und Treue erwiesen. Bis ans Ende der Erde ist es nun bekannt, daß unser Gott uns befreit hat. ❹ Jubelt dem HERRN zu, ihr Bewohner der Erde! Jauchzt vor Freude, preist ihn mit Gesang! ❺ Singt ihm Lieder zur Harfe, laßt den Lobpreis ertönen zum Saitenspiel! ❻ Laßt Trompeten und Hörner erschallen,

jauchzt vor dem HERRN, dem Herrscher der Welt! ❼ Das Meer soll brausen mit allem, was darin lebt;
die Erde soll jubeln mit allen, die darauf wohnen; ❽ die Ströme sollen in die Hände klatschen und alle
Berge vor Freude singen! ❾ Denn der HERR kommt; er kommt und sorgt für Recht auf der Erde. Er
regiert die Völker in allen Ländern als gerechter, unparteiischer Richter.

Liebe Gemeinde, wie immer wir das intonieren - ob als Choral oder als Rap: Der Inhalt ist klar benannt, den Text für unsere Lieder müssen wir uns nicht ausdenken, Gott hat uns die Worte an die Hand gegeben, die es nun in den Mund zu nehmen gilt.

Schon Luther wußte, daß man mit Liedern die Menschen besonders gut erreichen kann. Ein prägnanter Text, der sich auf eine eingängige Melodie singen läßt, transportiert die Botschaft von der Liebe Gottes, die es zu verbreiten gilt, besser als jede Predigt. Die Reformation hätte sich wohl kaum durchgesetzt ohne die Schlager der damaligen Zeit, die jedermann vor sich hin pfiff oder aber mit knappen, frechen Worten vortrug - sehr zum Ärger der Bewahrer.

Wie in der DDR in den 80er Jahren schon das Abspielen des harmlosen Glenn-Miller-Hits "Chatanooga Choo Choo" verboten war, weil die Zuhörer unwillkürlich an Udo Lindenbergs "Sonderzug nach Pankow" denken mußten, so hatte bereits in der Urchristenheit der Hymnus "Kyrie eleison" einen subversiven Klang für diejenigen, die wußten, daß der Kyrios der Christen eben Jesus, der Gekreuzigte und Auferstandene, ist und nicht etwa der Kaiser in Rom, der sich selbstgefällig huldigen ließ.

"Singt dem Herrn" - aber nicht nur *ihm allein*. Denn das Loblied für Gott ist nie reines Anbetungslied. Da es vor aller Ohren erklingt, erreicht es zugleich auch jene Menschen, die bislang noch gar nicht wußten, welche Wunder Gott vollbracht hat und daß es einen Sieg zu feiern gibt, den der Herr des Lebens über den Tod errungen hat.

Vor diesem Publikum zu singen, und zwar lieber laut und falsch als gar zu zaghaft, das ist unser Auftrag, liebe Gemeinde - und ihr, liebe Konfirmandinnen und Konfirmanden, seid aufgerufen, nicht nur eure *Stimmen* einzubringen in das Konzert christlichen Zeugnisses, sondern vor allem anderen das, was ihr gelernt und selbst erfahren habt von Gott, von seinem Tun an jedem einzelnen von uns und seiner ganzen Schöpfung.

Soweit das im Rahmen des Konfirmandenunterrichtes überhaupt möglich ist, haben wir versucht, nach zu buchstabieren was es bedeutet, in Gott seinen Befreier kennengelernt zu haben. Ich fasse das noch einmal zusammen:

✡ Nicht einer unbestimmten Vielzahl von Göttern und Herren, sondern allein ihm, der uns ins Dasein rief, sind wir zu Antwort und Verantwortung verpflichtet.

✡ Nicht die andächtige Ehrfurcht vor Idolen, sondern die vertrauensvolle Anrufung seines Namens verhilft uns dazu, einander die Freiheit zu lassen, die er uns geschenkt hat, und Gott nicht für unsere eigenen Zwecke zu mißbrauchen.

✡ Wir können nicht alles hervorbringen, was wir zum Leben nötig haben, aber wir haben Gottes gute Gaben erhalten, deshalb dürfen wir - bei aller gebotenen Sorgfalt für die

Bewahrung der Schöpfung - regelmäßig aufatmen, uns auf Gott besinnen und uns der Gemeinschaft erfreuen, in die er uns gestellt hat.

✡ Wir sind alle um Jesu Christi willen Schwestern und Brüder, deshalb haben wir allesamt einen Vater im Himmel, der will, daß sich die Starken um die Schwachen kümmern, die erwachsen gewordenen Kinder um ihre hinfälligen Eltern, denen sie zu danken haben, daß das gute Wort von der Liebe Gottes weitergegeben wurde von Generation zu Generation.

✡ ER gab uns das Leben und wird uns wieder zu sich nehmen, wenn unsere Zeit vorüber ist, daher beruft er uns zu Hütern des Lebens.

✡ ER hat uns männlich und weiblich geschaffen, und so dürfen wir uns der Vielfalt und Schönheit unserer Leiber erfreuen - mit Respekt vor dem Gegenüber, das ebenso Gottes Kind ist wie ich selber.

✡ Niemand ist gezwungen, sich zu nehmen, was er braucht; denn Gott hat die Welt nicht zur Ödnis geschaffen, sondern er hat sie zum Wohnen gegeben, zum Wohnen in Gerechtigkeit und Frieden.

✡ Niemand ist darauf angewiesen, vor Gott und den Menschen andere schlecht zu machen: Gott liebt uns, wie wir sind, damit wir die werden, als die er uns geschaffen hat - sein Ebenbild.

✡ Weil die Erde des Herrn ist und alles, das darauf lebt, können wir uns an dem freuen, was wir miteinander teilen, und müssen einander nicht beneiden.

Jede und jeder von uns, liebe Gemeinde, *kann* nicht nur, wir alle *müssen* uns unseren eigenen Reim machen auf diese großen Worte. Aber zu einem harmonischen Klang gehört, daß wir aufeinander hören und uns bemühen, dieselbe Tonart, den gleichen Rhythmus zu finden.

Sonst überfordern wir jene, die wir ansprechen sollen mit unserem Zeugnis, das ihre Ohren ohnehin kaum erreicht. Denn die sind taub geworden vom Gedröhn der Stalinorgeln, vom dumpfen Gleichklang marschierender Stiefel, vom Elendsgeschrei Hungernder, vom Gewimmer Sterbenskranker, vom Murren der Unzufriedenen.

Und auch wir selbst tun uns ja schwer genug, wenn nicht gerade Sonntag, wenn nicht gerade Konfirmation, wenn nicht gerade Fest-Zeit ist, ein fröhliches Lied auf den Lippen zu haben. Zu lähmend ist die Monotonie des Alltags, zu laut das Gejammer über manch kleines Zipperlein wie auch die handfesten Protestparolen gegen himmelschreiendes Unrecht, das unter uns geschieht - oft genug, ob wir wollen oder nicht, unter unserer Beteiligung oder stillschweigender Duldung oder zumindest unter wortlosem Widerwillen.

Singt dem Herrn ein neues Lied - es darf auch ein älteres sein -, aber bedenkt dabei die Mahnung Dietrich Bonhoeffers, bei aller Andacht nicht den Alltag zu vergessen: Gregorianische Gesänge - wer's mag: gern. Aber dann auch "deine Stimme gegen

Ausländerfeindlichkeit", dann auch unser NEIN OHNE JEDES JA zu Atomwaffen, dann auch "Wer Israel antastet, tastet Gottes Augapfel an".

Denn wenn wir dem Herrn - recht und schlecht - unser Lied singen, dann sollte uns stets bewußt sein, daß wir keines dieser Worte und keine dieser Weisen wüßten, wären wir nicht in Jesus Christus hinzu erwählt worden zu Gottes Volk, dem dieser Psalm entstammt.

Als dieses sein Volk, unsere jüdischen Geschwister, schweigend in den Tod gingen, war auch von solchen, die sich Christen nennen, Gelächter zu hören.

Als sie weinend starben, sangen andere Spottlieder. Als sie noch im Angesicht des Todes nicht abließen, den heiligen Namen Gottes anzurufen um Hilfe aus der Not, berauschten sich siegestrunkene Deutschchristen an weihevoller Musik, die einmal erdacht worden war, zur Ehre Gottes zu erklingen...

Gerade im Wissen um dieses Geschehen gilt es jetzt aber umso mehr, die Aufforderung des Psalmbeters umzusetzen. Weder, um diese böse Welt für einen Augenblick vergessen zu können, noch als ein Pfeifen im Walde angesichts von Gefährdungen und Gefahren, die uns beinahe ohnmächtig werden lassen.

Auch wenn es jetzt noch nicht vor aller Augen offenbar ist: Gott wird die, die sein Lob singen, nicht enttäuschen, sie nicht vor aller Welt als Phantasten blamieren. Das hat er in Jesus Christus deutlich gemacht. Den jüdischen Lobgesang beim Passamahl noch im Ohr, ging er in die Nacht und in den Tod in der festen Zuversicht, daß - ganz egal, was Menschen ihm antun würden - Gott das letzte Wort haben wird.

Und so hat es der Vater im Himmel dann auch bestätigt, indem er ihn auferweckt hat von den Toten. So zeigt Gott: Nicht menschliche Richter und Henker haben das letzte Wort, sondern er, der den Erdkreis richtet in Gerechtigkeit und Recht.

Doch ihm genügt es nicht, recht zu haben; auch verzichtet er darauf, nun als Gewinner mit den Unterlegenen "abzurechnen", wie das - leider Gottes - als "Recht des Stärkeren" auch unter christlich geprägten Nationen noch immer gang und gäbe ist.

Nicht die Vernichtung seiner Feinde hat Gott im Sinn, sondern daß alle in sein Lob einstimmen, in Einklang kommen mit ihm, der Himmel und Erde gemacht hat.

Mit der Verstärkung durch unsere Stimmen - nicht nur heute, sondern jeden Tag -, wird dieses neue Lied für unsere Erde ein bißchen vernehmlicher, liebe Konfirmandinnen und Konfirmanden, liebe Gemeinde.

Eben deshalb bleibt uns aufgegeben, das Lied des Gotteslobes anzustimmen, bis er am Ende aller Zeiten im Gericht das Böse überwinden und alles "zurecht" bringen wird. Und dann wird niemand mehr "das Lied vom Tod" spielen; sondern die Stimmen aller Kreatur werden sich verbinden zu dem unüberhörbaren Gesang, der das Leben feiert.

AMEN.

Gründonnerstag, 12. April 2001

Lassen Sie uns miteinander den Psalm dieses Tages, den 111. Psalm, bedenken:

Halleluja!

Ich will den Herrn preisen von ganzem Herzen im Kreis der Frommen und der Gemeinde.

Groß sind die Taten des Herrn, erfahrbar für alle, die Lust haben an ihnen.

Hoheit und Glanz ist sein Tun, und seine Gerechtigkeit besteht auf ewig.

Ein Gedächtnis seiner Wunder hat er gestiftet. Gnädig und barmherzig ist der Herr.

Nahrung gab er denen, die ihn fürchten, auf ewig gedenkt er seines Bundes.

Die Macht seiner Taten tut er kund seinem Volk, da er ihnen das Eigentum der Völker gab.

Die Taten seiner Hände sind Treue und Recht, verläßlich sind all seine Gebote,

fest stehen sie für immer und ewig, zu vollbringen in Treue und Redlichkeit.

Erlösung sandte er seinem Volk, hat seinen Bund für immer bestellt.

Heilig und furchtbar ist sein Name.

Anfang der Weisheit ist die Furcht des Herrn, Einsicht, die gut ist für alle, die danach tun.

Auf ewig besteht sein Ruhm.

Liebe Geschwister!

Das entscheidende Stichwort für diesen Tag ist auch das Kernwort dieses Psalms: Gedächtnis.

Im hebräischen Original wird das schon allein dadurch bekräftigt, daß es sich um einen alphabetischen Psalm handelt - das Einprägen des Inhalts wird denen, die Erinnerung bewahren wollen, dadurch erleichtert, daß jeder Halbvers mit dem folgenden Buchstaben des ABC beginnt.

Früher haben Missionare den Bibelunterricht mit der Alphabetisierung verbunden - beim Lernen des Lesens und Schreibens prägte sich den Schülern zugleich der grundlegende Inhalt der biblischen Schriften ein.

Im Grunde würde das bei uns heute genauso funktionieren: Nähmen die Konfirmandinnen und Konfirmanden regelmäßig an den Gottesdiensten teil, brauchten sie weder das Vaterunser noch das Glaubensbekenntnis eigens auswendig zu lernen, denn im Sprechen, Singen, Beten gehen Worte und Inhalte in Kopf und Herz ein, ohne daß es eines besonderen Aufwandes bedürfte.

Im Psalm 111 wurde mit dem ABC zugleich die große Vergangenheit immer wieder durchbuchstabiert: Aufbruch von den Fleischtöpfen Ägyptens und Speisung in der Wüste; Bundesgenossenschaft mit Gott am Sinai und beim Einzug in das gelobte Land, als sie

Wohnrecht von den fremden Völkern erbten; Aufrichtung des Gottesrechts und Einführung der heiligen Ordnungen, die den Vätern und Müttern gesegnete Zeit brachten, solange sie sich an sie hielten.

Die mit Ehrfurcht betrachtete Geschichte des Gottesvolkes gehörte zum Elementarwissen wie das ABC. Mit dem Buchstabieren beginnt die Wissenschaft, und die Furcht des Herrn ist der Weisheit Anfang. Für den, der diesen Psalm geschrieben hat, ist das eine nicht vom andern zu trennen.

Aber hier wird Vergangenheit ja nicht nur gelehrt, sondern auch gepriesen. Und da werden wir hellhörig und fragen: Was soll solch ein Loblied auf Vergangenes? Ist der erwähnte Kreis der Frommen eine Art „Gedächtnisverein“, ist die Gemeinde ein Club zur Pflege schöner Erinnerungen?

Wer nur noch von Erinnerungen lebt, bei dem hat man das Gefühl, er habe keine Zukunft mehr, kaum noch eine Gegenwart. Sollte das auch auf jene zutreffen, die unseren Psalm quasi als nostalgische Quelle der Freude und des Trostes in freudloser, trostloser Gegenwart zitieren?

Die Christenheit ist wie das Judentum eine Erinnerungsgemeinschaft. Aber nun kommt es eben entscheidend darauf an, was man unter „Gedächtnis“ versteht und was man aus seinen Erinnerungen macht.

Das Gedächtnis, das hier gestiftet wird, heißt ja wohl nicht, guten alten, längst verlorenen Zeiten nachzuhängen; und Erinnerung, wie der Psalm sie meint, darf ja wohl nicht bedeuten, daß die Gemeinde sozusagen eine „Ungnade der späteren Geburt“ verspürt.

Gibt es nicht auch anders verstandenes Gedenken, gibt es nicht eine Erinnerung, die dem Leben in der Gegenwart erst seine Fülle, seinen Reichtum, seine Tiefe gibt?

Ich sitze mit einem Menschen zusammen, rede mit ihm Zufälliges, tue mit ihm Alltägliches, und ich weiß doch: er ist mein Freund. Nicht dieses belanglose Teilen des Augenblicklichen macht uns zu Freunden, nicht das, was wir gerade bereden oder unternehmen; sondern zu Freunden macht uns die Erinnerung an frühere Gespräche, Erlebnisse, gemeinsame Tage, die wir zu dem hinzufügen, was der andere im Augenblick ist.

Was gewesen ist, trägt mit großer Selbstverständlichkeit die heutige Freundschaft. Sie hat eine Vorgeschichte; die macht es aus, daß dieser Mensch da mir vertraut und nicht ein Fremder ist.

Wieviel Erinnertes füge ich hinzu, wenn ich meinem Vater oder meinen Brüdern begegne, meine Frau ansehe, mit meinen Kindern spiele! Ihre Gesichter von einst, Worte, die sie gesprochen haben, Erfahrungen, die wir miteinander gemacht haben - all das ist gegenwärtig, wenn wir zusammentreffen. All das hat sie mir so nahe gebracht, wie sie mir lebenslang nahe sein werden: nicht irgendeine Frau, nicht irgendwelche Kinder, sondern meine Frau und meine Kinder.

Der Außenstehende schaut auf diese Menschen mit dem erinnerungslosen Blick eines Fremden. Er sieht nur, was vor Augen ist, was sich in dieser konkreten Situation erfassen läßt. Er sieht wenig. Erst das lebendige Gedächtnis macht die Gegenwart mit diesem Menschen reich; es fügt all das hinzu, was ich noch von ihnen weiß (und sie von mir): Gewesenes, das aber doch nicht für immer vergangen und verschwunden ist.

So betrachtet man im Kreis der Frommen und in der Gemeinde die jeweils gegenwärtige Zeit. Für den Außenstehenden und Fremden wird da oft wenig Erhebliches zu sehen sein. Der Gläubige aber fügt seiner vielleicht verschwindend geringen eigenen Gotteserfahrung von heute all die erinnerte hinzu, all das in früheren Tagen Erlebte und in der Gemeinde Erfahrene, all das Gewesene, das aber doch nicht vergangen und nicht aus dieser Welt verschwunden ist.

Ja, er fügt im Kreis der Frommen und in der Gemeinde all das hinzu, was andere mit diesem Gott erlebt haben, die ganze Fülle des Überlieferten. Alle Erinnerungen an den Herrn, die es in seiner ganzen Gemeinde gibt, sie gehören nun allen gemeinsam. Was die Vorfahren berichtet und gedacht haben, die dem Herrn in ihrer Zeit begegnet sind, das ist nun unsere gemeinsame Erinnerung und unser gemeinsames Gedenken.

Gott will, daß wir an ihn denken, mit ihm leben. Und damit wir ihn kennenlernen können, ohne bei Null anfangen zu müssen, hat er dieses Gedächtnis gestiftet, die Eingangstür des Glaubens. *Macht euch vertraut mit mir,* scheint er zu sagen, *indem ihr Anteil nehmt an all den Erinnerungen, die es an mich gibt. Denn dann könnt ihr mich wiedererkennen, wenn ich auch euch begegne in eurer Zeit - auf neue Weise, in neuen Gestalten, aber mit dem unverwechselbaren Gesicht.*

Gott begegnet uns in der Wirklichkeit; denn - wie der Psalm hervorhebt: - er ist ein Gott, der handelt. Aber wir werden ihn nur als den gegenwärtig Wirkenden erkennen, wenn wir seine früheren Taten im Gedächtnis haben, wenn wir uns in Erinnerung rufen, was wir schon von ihm wissen.

Die Vergeßlichkeit macht unsere Augen stumpf, das kurze Gedächtnis macht unser Leben eng. Aber wenn wir eintreten in das große Gedächtnis seiner Taten, wenn wir uns erinnern lassen an seine fortwährende Wirksamkeit, dann wird der Horizont weit und der Punkt, an dem wir selbst stehen, wird zum Schnittpunkt vieler Linien, die aus der Ferne kommen und in die Weite führen.

Wenn wir miteinander das Mahl des Herrn halten, dann wird uns gesagt: „Das tut zu meinem Gedächtnis!“ Auch hierbei geht es nicht darum, Christus ein *ehrendes Andenken* zu bewahren, wie das in manchem Nachruf auf Verstorbene zu lesen ist. Nein, es geht darum, daß unserem Gedächtnis aufgeholfen wird; denn wir sollen die Fülle haben in unserer Gegenwart, die seine Gegenwart ist.

Wenn wir ratlos, haltlos, hoffnungslos sind in dieser Welt, dann hängt das zusammen mit der Vergeßlichkeit unseres Herzens: Wir haben das, was war, im Kopf, aber nicht im Gedächtnis. Wir haben wohl sein Wort registriert, aber nicht beherzigt.

Erinnerung hat offenbar etwas zu tun mit unseren Inneren. Was ich ergreife, das habe ich im Griff. Was ich erinnere, das nehme ich in meine Inneres auf. Was außen war - Menschen, Ereignisse, Bilder - jetzt sind sie in meinem Inneren. Sie sind keineswegs aus dieser Welt verschwunden, sie sind vielmehr von außen nach innen gegangen, vom Rand hin zur Mitte meines Lebens.

Und es ist ganz und gar nicht unwichtig, was ein Mensch dort im Zentrum seiner Persönlichkeit sich bewahrt; denn es wirkt von innen und bestimmt sein Leben - seine Gegenwart und seine Zukunft. Nur wenn wir uns gestern etwas zu Herzen genommen haben, können wir morgen etwas aus vollem Herzen tun.

Wir alle leben aus Erinnerung, ob wir es wissen oder nicht. Anfang der Weisheit ist die Furcht des Herrn, sagt nun der Psalmist; denn in dem Respekt vor dem, was Gott von je her an uns Menschen tut, erschließt sich im Blick zurück die Zukunft, die Gott für uns bereithält.

(AMEN.)

7. Sonntag nach Trinitatis, 30. Juli 2006

Eines Tages sagte der junge und schon berühmte Rabbi Levi Jizchak aus Berditschew zu seinem Schwiegervater: "Ich muß zurück zu meinem Meister, ich muß lernen." Und er verläßt Haus und Heimat. Nach einem halben Jahr kehrt er zurück. Der Schwiegervater erwartet ihn und fragt ihn ärgerlich: "Nun, was hast du gelernt?" Levi Jizchak antwortet: "Ich habe gelernt: Gott hat Himmel und Erde geschaffen." Enttäuscht und wütend ruft der Schwiegervater den ungelernten russischen Knecht und fragt ihn, ob er das auch wisse. "Ja, ja, die ganze Welt weiß es, die ganze Welt sagt es", bestätigt der Knecht. Da ruft Levi Jizchak: "Gerade das ist es! Die ganze Welt weiß es, die ganze Welt sagt es - aber hat sie es auch gelernt?"

Liebe Gemeinde, auf's erste Hören sind der ungebildete Knecht und der Meister der Schriftauslegung nicht voneinander zu unterscheiden, wenn denn der Rabbi im Endeffekt auch nicht *mehr* weiß als das, was "alle Welt weiß (und) alle Welt sagt".

Auf den zweiten Blick - da werden Sie mir sicher zustimmen - bedeutet es natürlich doch einen großen Unterschied, ob einer nur nachplappert, was er die Leute hat reden hören, oder von dem spricht, was er "gelernt", also zunächst einmal *kennen*gelernt und sodann tief durchdacht hat, bis es ihm ganz zu eigen geworden ist.

Daß Gott Himmel und Erde gemacht hat, kann man auswendig lernen wie eine Grammatikregel oder einen Satz der Mathematik. Doch größere Bedeutung als ein solch technisch-äußerliches Bescheidwissen wird die fundamentale Aussage der Bibel auf diese Weise nicht gewinnen.

Levi Jizchak war irgendwann nicht mehr zufrieden mit dem bloßen Wissen, er wollte der Sache auf den Grund gehen.

Auch ich bin der Meinung, daß wir einen Schatz in irdenen Gefäßen haben, der mangels äußeren Glanzes zu wenig Würdigung erfährt. Ich möchte Sie daher einladen, in jenem Buch, das - nach dem Ort, an dem der Rohstoff für seine Herstellung produziert wurde - schlicht BUCH heißt, Biblos, ein wenig zu blättern; auf daß auch wir vermeintlich so Kundigen lernen, was es mit dem auf sich hat, was "alle Welt weiß (und) alle Welt sagt".

Als Leitfaden verwende ich dabei eine kleine Schrift, die ich Ihnen wärmstens empfehlen möchte. Wir haben im Konferteam angefangen, auf der Grundlage dieses Büchleins über unser Bibelverständnis zu diskutieren. Ich könnte mir das ebenso für den biblischen Gesprächskreis wunderbar vorstellen.

Liebe Geschwister, ein altes Kinderspiel, das wohl nur noch wenige kennen dürften, hieß "Himmel und Hölle". Man mußte dabei geschickt in das jeweils aktuelle Feld springen, das man mit Kreide auf den Gehweg gemalt hatte. Ging alles gut, so kam man in den Himmel, beging man einen Fehler, so schied man aus.

In dieser groben Vereinfachung bildete das Kinderspiel sozusagen das "christliche Weltbild" ab, wie es im Laufe von Jahrhunderten entstand und nachwirkt bis hin zu dem Spruch: "Gute

Mädchen kommen in den Himmel - böse Mädchen kommen überall hin." Traditionell ausgedrückt: Wer in seinem Leben tugendhaft war, der kommt zur Belohnung in den Himmel, wer hingegen ein Leben in Sünde geführt hat, den holt der Teufel und nimmt ihn mit in die Hölle.

"Himmel" - das klingt hier ein wenig nach den "ewigen Jagdgründen" der Indianerromane, während uns bei "Hölle" eine Feuersbrunst und ein Monster mit Fratze und Pferdefuß vor Augen stehen. So kennen das viele und würden es auf Anfrage dem Ungläubigen vielleicht auch so ähnlich beschreiben.

Aber ist, was alle Welt weiß und alle Welt sagt über Himmel und Hölle denn auch biblisch? - Wenn nämlich nicht, wie könnte es dann *christlich* sein?!

Der erste Satz der Bibel bereits gibt uns zu verstehen: Im Anfang schuf Gott Himmel und Erde. Nicht *Himmel und Hölle*, wie es sich später eingebürgert hat, sondern HIMMEL UND ERDE stehen einander in der Bibel gegenüber - und zwar nicht nur an dieser Stelle, sondern - wie wir bereits gehört haben und noch weiterhin sehen werden - an vielen anderen Stellen ebenso.

Himmel und Erde werden zwar relativ selten namentlich genannt, aber im Hintergrund spielen sie eigentlich fortlaufend eine wichtige Rolle. So ruft etwa der Prophet Jesaja beide zu Zeugen für Gottes Wort: Hörtet, ihr Himmel, und Erde, nimm zu Ohren, denn der Herr redet!

Für unser Verständnis klingt das vielleicht unsinnig, haben doch weder Himmel noch Erde Ohr, Sinn und Verstand. Doch sie sind Repräsentanten, nämlich einerseits Gottes und andererseits der Menschen, und wenn über das Verhältnis von Gott und Menschen wichtiges zu sagen ist, dann spielt sich das im Himmel und auf Erden ab, den Orten, denen man die Menschen und Gott zuordnen kann.

Sehr deutlich einander gegenübergestellt wird das im 115. Psalm: Unser Gott ist im Himmel; er kann schaffen, was er will, bekundet der Beter im 3. Vers, womit er den quälenden Selbstzweifeln wie auch den spöttischen Bemerkungen der Gottlosen entgegentritt, und gegen Ende lesen wir: Der Himmel ist der Himmel des Herrn; aber die Erde hat er den Menschen gegeben.

Wir wissen, daß unsere orthodoxen Glaubensgeschwister dies zum liturgischen Grundprinzip erhoben haben: aller Gottesdienst auf Erden hat diesem Verständnis zufolge Abbild der himmlischen Herrlichkeit zu sein.

Wir wissen ebenso, daß der gute alte Luther fein zu unterscheiden wußte zwischen weltlichem und geistlichem Leben, die einer hier irdischen und dort himmlischen Gerechtigkeit zu entsprechen hatte - zwei *Be*reiche, die in zwei Reiche zerfielen...

Aus der Bibel lernen wir zunächst etwas anderes. Es geht nämlich nicht um Über- und Unterordnung, wie man vielleicht denken möchte - nach dem Motto: "Der liebe Gott hat alles gemacht, dann hat er natürlich auch das Vorrecht, sich den schönsten Platz als seinen Wohnsitz auszusuchen."

Der Psalmdichter dürfte anderes im Sinn gehabt haben: Der Himmel ist der Himmel des Herrn, damit Gott die Erde ganz seinen Geschöpfen, den Menschen, als ihren Bereich anvertrauen kann. Das bedeutet: Weder den schönsten noch den würdigsten Platz wählt Gott für sich, sondern ganz pragmatisch jenen Standort, von dem aus er die größte Übersicht hat über das Geschehen auf Erden; denn so kann er am besten im Blick behalten, was sich bei den Menschen tut.

Die Erde - im antiken Weltbild noch als flache Scheibe gedacht, über der sich der Himmel als stabile Kuppel wölbte - mußte in ihrer Zerbrechlichkeit, ihrer Anfälligkeit für allerlei Naturkatastrophen stets festgehalten werden.

Die Vorstellung von der kosmischen Käseglocke haben wir inzwischen über Bord geworfen, liebe Gemeinde. Dennoch: Der Himmel ist auch für uns, die wir dabei an Galaxien denken, die Erd-Umgebung geblieben. Ich denke, wir staunen nicht weniger als unsere Vorfahren darüber, daß ein wie zufällig am Rande des Universums existierender Planet in einem von Milliarden Sonnensystemen all die Wunder des Lebens beherbergt, wie wir es kennen und lieben, und daß nicht nur die Schwerkraft uns hält, sondern unser Schöpfer dafür sorgt, daß - trotz all unseren selbstzerstörerischen Tendenzen - wir die Erde noch immer nicht vollends aus dem Gleichgewicht des Lebens gebracht haben.

Eben dies bringt die schlichte biblische Rede von "Himmel" und "Erde" zum Ausdruck: Daß Gott dafür bürgt, daß auf der Erde jenes Leben möglich ist, das seinem Willen entspringt.

Von jenem Ort außerhalb unserer alltäglichen Lebenswelt - nicht aus dem Blau des Firmaments, sondern aus der unsichtbaren und uns unzugänglichen Sphäre Gottes - erreichen uns immer wieder auch Impulse, die uns zurückrufen zu unserem Ursprung und in uns die Hoffnung nähren, daß noch offenbar wird, was wir sein werden; denn der Mensch lebt nun einmal nicht vom Brot allein, sondern von einem jeglichen Wort, das aus Gottes Mund geht, d.h. vom Himmel herab kommt auf die Erde.

So öffnet sich bei der Taufe Jesu wie auch während des Wochenfestes 50 Tage nach der Auferstehung der Himmel, und Menschen werden von Gott und für Gott be-*geist*ert.

Wie es im Himmel schon längst geschieht - klar, weil Gott selbst dort seinen Willen verwirklicht -, so soll auch auf Erden, wie wir mit Jesu Worten beten, Gottes Wille geschehen.

Wir haben hier auf Erden, weiß der Schreiber des Hebräerbriefes, keine bleibende Stätte, deshalb suchen wir die künftige Stadt, das vom Himmel herabkommende Jerusalem; schon jetzt aber sind wir - so Paulus an die Philipper - Bürger eines Reiches im Himmel. Damit meint er wohl kaum, daß wir den Fensterplatz im Himmel für die Zeit nach unserem Tod bereits gebucht haben. Eher spricht er die Christenmenschen auf ihre Verantwortung an, bereits hier und jetzt als Bürger dieses Reiches zu leben, d.h. nach den dort gültigen Regeln - um Zeugnis abzulegen für all das, was uns an neuem Himmel und neuer Erde schon verheißen, aber noch immer verborgen ist.

Wenn fromme Juden von Gott reden, dann müssen sie dem unaussprechlichen Namen ausweichen. Der Evangelist Matthäus tut dies, indem er vom "Reich der Himmel" spricht, wo andere "Reich Gottes" sagen. So tritt der Himmel an manchen Stellen den Menschen gegenüber, obwohl der Menschen Gegenüber - jenseits des Wortlauts - natürlich GOTT ist und bleibt. Etwa nachzulesen am Ende des Matthäusevangeliums, wo Jesus den Hohenpriestern die unbeantwortbare Frage vorlegt: Die Taufe des Johannes - von wo war die? Die Alternativen "aus dem Himmel heraus" oder "von den Menschen heraus" erweisen sich als gleichermaßen problematisch, so daß die hohen Herren es vorziehen zu schweigen.

Nicht nur hier transzendieren Himmel und Erde ihre landläufige Wortbedeutung. Die biblischen Autoren bringen diese Begriffe ins Spiel, um verstehbar zu machen, worum es ihnen geht: Um das Gegenüber von Gott und Mensch, um - wie Martin Buber es klassisch formuliert hat - das "Ich und Du":

Gott, der zu uns in der ersten Person - "Ich" - spricht, setzt uns als das angesprochene "Du" sich gegenüber, damit wir lernen, in eigener Person zu sprechen, "Ich" zu sagen und also erkennbar zu sein und Verantwortung zu übernehmen sowohl in unserer persönlichen Beziehung zu Gott, unserem "Du", als auch in den von diesem Grundverhältnis bestimmten zwischenmenschlichen Beziehungen zwischen "Dir" und "Mir".

Die Geschichte des Bundes zwischen "Ich" und "Du", Gott und Mensch, ist das zentrale Thema der Bibel von der ersten bis zur letzten Seite. Wo es hilfreich erscheint, werden Himmel und Erde erwähnt. Doch nie genießen sie wirklich eigenen Wert, sie spielen stets eine der Beziehung von Gott und Mensch untergeordnete Rolle.

Deshalb verwenden die biblischen Autoren ein Wort wie UNIVERSUM nicht, bei dem Himmel und Erde zu einer Einheit verschmelzen; auch wenn es ihnen ebensowenig darum geht, Himmel und Erde auseinanderzureißen. Denn sie kennen keine Welt, die ohne den Himmel auskäme, und sie bekennen, daß der Himmel um der Erde willen da ist.

Wer hingegen von Himmel und Erde - der Bibel entgegen - nur als unversöhnlichem Gegensatz zu denken und zu reden vermag, steht in Gefahr, die Zusammenhänge zu verkennen, in die wir von Gott gestellt sind.

Von da aus ist es dann wieder nur ein ganz kleiner Schritt bis zum eingangs erwähnten Gegensatzpaar "Himmel und Hölle", den manche vermeintlich besonders fromme Christenmenschen so eifrig im Munde führen. Doch es will mir scheinen: nicht um Himmels willen, sondern um manchen ihrer Mitmenschen auf Erden die Hölle heiß zu machen.

Wir hingegen halten fest: Gott liebt diese Welt. Er wird wiederkommen, wann es ihm gefällt - nicht nur für die Frommen, nein, für alle Welt!

AMEN.

Anmerkung: In dieser Predigt habe ich die Erkenntnisse von Karel Deurloo und Nico Bouhuijs ("Lesen, was geschrieben steht", Offenbach 1988) umzusetzen versucht.

Ostermontag, 21. April 2003

DER HERR IST AUFERSTANDEN - ER IST WAHRHAFTIG AUFERSTANDEN. HALLELUJA!

Liebe Schwestern und Brüder:

Ob das Grab leer war oder aber der Leichnam verwest -

von mir werden Sie darauf keine Antwort erhalten; nur soviel:

Die Bibel **muß** von einem leeren Grab berichten, will sie von dem Auferstanden erzählen.

Aber das Thema der Bibel ist **nicht** "die Auferstehung", sondern der Auferstandene, noch genauer: der von den Toten Auferweckte.

Argumentieren also verbietet sich am Oster-Festtag.

Wo uns die Bibel Geschichten erzählt, da können wir vielleicht weiter erzählen, von eigenen Erfahrungen, Hoffnungen, Enttäuschungen berichten, unseren Glauben und unseren Zweifel weitersagen - vor allem aber: staunen, staunend einstimmen in das Lob Gottes.

Das möchte ich gern mit Ihnen tun an diesem Morgen, und dazu leihen wir uns die Worte des 118. Psalms, den wir vorhin schon singend zitiert haben:

Meine Stärke und mein Loblied ist der Herr, und er ward mein Heil.

Frohlocken und Siegesjubel erschallt in den Hütten der Gerechten: *Die Rechte des Herrn schafft Sieg! Die Rechte des Herrn ist erhöht! Die Rechte des Herrn schafft Sieg!*

Ich werde nicht sterben, ich werde leben und die Taten des Herrn verkünden.

Gezüchtigt hat mich der Herr, aber dem Tod mich nicht übergeben.

Tut mir auf die Tore der Gerechtigkeit, daß ich durch sie einziehe, dem Herrn zu danken.

Dies ist das Tor des Herrn, da die Gerechten einziehen dürfen.

Ich danke dir, daß du mich erhört hast und mir zum Retter geworden bist.

Der Stein, den die Bauleute verworfen haben, der ist zum Eckstein geworden.

Von dem Herrn ist das gewirkt, es ist ein Wunder in unsern Augen.

Dies ist der Tag, den der Herr gemacht hat; laßt uns frohlocken und seiner uns freuen!

Singen, liebe Geschwister, singen kann man auch allein. Singen kann man unter der Dusche, in der Badewanne: was einem gerade einfällt - ob Schlager oder Choral; man kann sich etwas Eigenes ausdenken oder aber imitieren, was man kennt und mag. Dem Singen sind kaum kreative Grenzen gesetzt - wem's so ums Herz ist, der findet auch Töne.

So scheint es demjenigen ergangen zu sein, dem wir die eben gehörten Verse verdanken. Oder besser: *den*jenigen. Denn auch, wenn es wie ein Einzelschicksal klingt, sind hier vermutlich doch die Erfahrungen vieler zusammengeflossen, haben sich mehrere Stimmen zu einer Kantate vereinigt - zumindest in der Schriftform, in der uns der 118. Psalm überliefert worden ist.

Damit verläßt dieser Gesang das stille Kämmerlein. Und wenn wir jetzt den Psalter als eine Art Gesangbuch aufschlagen, finden wir darin die Lebenserfahrungen - Freud und Leid - von Menschen wie du und ich wieder, fromme und weniger fromme, die ihr Herz ausschütten über das, was ihnen an Schönem und an Schlimmem widerfahren ist.

Es ist wie in unserer Gemeinde: Da wird von Todesgefahren gesprochen, denen der Beter mit knapper Not - und Gottes Gnade - entronnen ist. Da ist aber auch vom Tor der Gerechtigkeit die Rede, von einer Wallfahrt für Gerechtigkeit, Frieden und Bewahrung der Schöpfung, wie sie auch in unseren Tagen in Gottes Namen veranstaltet werden.

Menschen singen, bringen vor Gott und in die Gemeinschaft ein, was sie an Prüfungen erlebt und an Hoffnungen bewahrt haben.

Singen - da werden Sie mir gewiß nicht widersprechen - singen kann man zwar auch allein, aber besser geht es doch gemeinsam. Das ist dann natürlich nicht mehr ganz so spontan; dafür klingt es aber - mit etwas Übung - viel eindrucksvoller, erst recht, wenn es sich um Gesänge handelt, die wie Hymnen anzustimmen sind. Da geht es zwar immer noch um Gefühle, also um je Persönliches, aber zugleich auch darum, im Einklang miteinander ein Gegenüber zu erreichen - hier also: Gott zu loben.

Wenn wir das heute tun, dann um den Ostersieg Gottes zu preisen: *Die Rechte des Herrn ist erhöht! Die Rechte des Herrn schafft Sieg!*

Was unbezwingbar schien, das liegt am Boden - der Tod: entmachtet durch den Gott des Lebens!

Der Stein, den die Bauleute verworfen haben, der ist zum Eckstein geworden.

Von dem Herrn ist das gewirkt, es ist ein Wunder in unsern Augen.

Denn eben noch sah es doch so aus, als ließe Gott seinen Gesalbten im Stich; eben noch glaubten alle - und auch seine Jünger befürchteten -, der Weg Christi endete in einem tragischen Irrtum, im Scheitern nicht nur an den Menschen, sondern wohl auch an Gott.

Denn *die im Totenreich sind, die loben den Herrn nicht mehr* - und eben dorthin, in die äußerste Gottferne, ist Jesus hinabgestiegen, als man ihn am Kreuz gefoltert hatte.

Er schien verworfen - nicht nur von den Gegnern, nicht nur von den Gaffern, nicht nur von den wankenden Gefolgsleuten - sondern auch von Gott, dessen Sohn zu sein er doch für sich in Anspruch genommen hatte.

Und nun - **vor unseren Augen** - das Wunder: ER ist der Eckstein, derjenige, auf den es ankommt!

Christus ist der Schlußstein im Gewölbe des Gottesbundes: In IHM sind Leben und Tod verbunden in der Macht der Liebe Gottes; in IHM sind Juden und Heiden verbunden zu Gottes weltweitem Volk auf Erden.

Ich werde nicht sterben, ich werde leben. **Wir** werden nicht sterben, wir werden leben und die Taten des Herrn verkünden - die Taten von heute, die Taten, die er an **uns** tut, nicht irgendwelche historischen Ereignisse oder auch - wie andere behaupten - unhistorische Geschichten!

Erzählen werden wir nicht, daß da ein Grab leer gewesen sei vor annähernd 2000 Jahren; das können wir gar nicht - wir waren ja nicht dabei.

Erzählen aber können und sollen wir davon, daß Gott vom Tod zum Leben bringt, so wie er Jesus auferweckt hat von den Toten, wie uns diejenigen am glaubwürdigsten bezeugen, die es zuerst nicht glauben konnten, nicht glauben wollten, weil es nun mal **ein Wunder in unseren Augen** ist - nicht zu beweisen, nicht zu verstehen.

Erzählen werden wir jedoch ebensowenig von aufsprießenden Knospen und der alljährlichen Wiederkehr des Lebens nach langen Monaten der Winterstarre - denn eben dies, liebe Schwestern und Brüder, tun ja die Heiden mit ihren Frühlingskulten und Fruchtbarkeitsriten!

Nein, **unsere** Botschaft ist die: *Gezüchtigt hat mich der Herr, aber dem Tod mich nicht übergeben.* Mit anderen, mit eigenen Worten: Ich weiß darum, daß man lebendig tot sein kann. Gerade die Gier nach Leben zerstört, was sie einzufangen sucht.

An einer Häuserwand in Potsdam las ich kürzlich diesen bitterzynischen und doch auf den zweiten Blick so wahren Satz: *Wer schneller lebt, ist früher fertig.*

Das heißt in der Jugendsprache: Man muß nicht alt an Jahren sein, um Erfahrungen des Scheiterns hinter sich zu haben.

Und man muß auch nicht drogenabhängig gewesen sein, um im Alltag Ostererfahrungen machen zu können, Chancen für einen neuen Anfang zu entdecken und zu ergreifen, die nirgend anders als aus Gottes Erbarmen herkommen: *Ich danke dir, daß du mich erhört hast und mir zum Retter geworden bist,* mag auch derjenige sagen, der erkannt hat, daß das Leben dahingeht, während man so eifrig mit ganz anderen Dingen beschäftig war: mit dem Geldverdienen etwa oder mit der Selbstdarstellung oder mit dem vermeintlich ultimativen Nervenkitzel.

Ich danke dir, daß du mich erhört hast und mir zum Retter geworden bist, das sollten wir nicht sagen, um die Gaben des Schöpfers und die Kostbarkeit des irdischen Lebens zu verschmähen mit dem Hinweis auf jene unendlich größere Gabe **ewigen** Lebens **nach** dem Tod!

So auseinanderreißen dürfen wir das Leben nicht, das Gott uns gibt!

Die Auferweckung Jesu gibt seinem **Erdenleben** recht - Gott sagt im Tode JA zu dem, der sein Leben ganz ihm gewidmet hat, indem er den Weg der Gerechten ging.

Und das, liebe Gemeinde, ist jener Weg, auf dem wir ihm nachfolgen dürfen zum Leben:

Tut mir auf die Tore der Gerechtigkeit, daß ich durch sie einziehe, dem Herrn zu danken.

Der geschuldete Dank - das, liebe Geschwister, ist wahrlich mehr als ein fröhliches Liedchen auf den Lippen! Gott danken, das ist: seinen Willen erfüllen mit Worten und mit Werken.

Die Taten des Herrn verkündigen, wie es der vom Tode Verschonte verspricht - das ist ja kein Akt des Sprechens. Das ist vielmehr, wie bei Jesus selber auch, ein Ineinander von Beten und Arbeiten, von Predigen und Feiern. Das ist: Wissen und Beherzigen, daß jeder Tag der Tag ist, *den der Herr gemacht hat.*

Ein Tag, an dem ich von schwerer Krankheit genesen bin vielleicht oder womöglich ein Tag, an dem ich einen Fehler eingestehen und so den abgerissenen Gesprächsfaden wieder aufnehmen konnte.

Und warum nicht auch ein Tag, an dem politische Fehler korrigiert und wirtschaftliche Visionen von Gerechtigkeit Wirklichkeit werden?! - Eines schönen Tages...

Aber heute ist erst einmal der Tag, an den Ostersieg Gottes zu erinnern, zu jubeln und sich des Lebens zu freuen, so daß es andere ansteckt.

Nicht nur, weil es vielleicht gut klingt, was wir zu singen und zu sagen haben.

Sondern weil es womöglich vorkommt, daß auch solche Leute, die Wunder nicht für möglich hielten, Ostererfahrungen machen können, Erfahrungen von neuen Wegen, die aus Sackgassen herausführen, in denen sie sich gefangen fühlten.

Ganz normale Menschen also, Menschen wie du und ich, die nicht überzeugt werden wollen, sondern überwältigt, die nicht verstehen, sondern erleben möchten, daß *bei Gott kein Ding unmöglich ist*: daß also auch ihr Leben einen Sinn hat, daß es jeden Moment möglich ist, vom Weg des Todes umzukehren auf den Weg des Lebens - mit Gottes gnädiger Hilfe, in der Kraft seines lebendigmachenden Geistes.

Dann werden die, von denen wir es nie gedacht hätten, mit uns einstimmen in das Lied des Psalmisten: *Meine Stärke und mein Loblied ist der Herr, und er ward mein Heil.*

AMEN.

Exaudi, 23. Mai 2004

Liebe Schwestern und Brüder: Auf daß alle das Leben in Fülle haben, lautet das Motto der Weltversammlung des Reformierten Bundes, die im August in Accra, der Hauptstadt Ghanas, stattfinden wird.

Dieses Wort aus dem Johannesevangelium öffnet ein breites Spektrum an Assoziationen: Jesus verheißt, was so viele Menschen ersehen, und was ihnen doch oftmals vorenthalten wird: erfülltes Leben - voll an Jahren, voller Sinn, voller Beziehungen, mit Händen voll des täglichen Brotes.

Rund um den Erdball stehen Christenmenschen in einer Vielzahl unterschiedlichster Lebensbezüge. Eine Studie mit dem Titel "Zehn Ozeane überqueren" beleuchtet diese vielfältigen kirchlichen Kontexte, jeweils unter Bezugnahme auf einen spezifischen Bibeltext.

Ich möchte Sie einladen, Gedanken zum 146. Psalm zu folgen, die der südafrikanische Theologe Russel Botman zur Diskussion stellt. Zunächst hören wir einen Ausschnitt aus einem Text, der in dem Band *Greed, Economics and Ethics in Conflict* im Jahre 2000 in den USA veröffentlich wurde:

Kürzlich öffnete ich einen Umschlag, der meinen regelmäßigen Kontoauszug über meine Pensionsbezüge enthielt. Ich wurde informiert, daß ich für meine Entscheidung, meine Gelder in Aktien anzulegen, bei den letzten Spekulationen reichlich belohnt wurde.

Hier stand ich nun und feierte meine Gewinne, während ich gleichzeitig noch an einem Buchmanuskript arbeitete, das sich mit Geldgier auseinandersetzte! Ich hätte argumentieren können, daß ich mein Geld in Wertpapieren von Gesellschaften anlegte, die ich wegen ihrer sozialen Verantwortung ausgewählt hatte, denn das könnte doch vermutlich einen guten Eindruck machen.

Ich kann auch darauf verweisen, daß meine Anteile eher geringfügig sind gegenüber denen anderer Leute; mein Wertpapierbesitz ist sowieso nicht der eines Reichen. (Allerdings würde ich es doch nicht wagen, diese Behauptung vor mehr als zwei Dritteln der Weltbevölkerung auszusprechen.) Ich könnte, wenn das helfen würde, auch noch über meine Spenden reden.

Aber selbst wenn es mir gelänge, mich selbst als einen großzügigen Menschen mit bescheidenen Mitteln darzustellen, bliebe doch die Tatsache bestehen, daß ich voll an unserem Wirtschaftssystem teilhabe und deshalb auch dafür mitverantwortlich bin, wie es funktioniert.

Ich kann mich dem Zugriff seiner oft verwirrenden und ärgerlichen Entscheidungen oder seiner himmelschreienden Ungleichheiten nicht entziehen und bin deshalb gezwungen, damit so verantwortlich wie möglich umzugehen. Und auch aus der Verwicklung in ethische Fragen des Wirtschaftslebens kann ich mich nicht einfach heraushalten, indem ich sage, so sei nun mal das Leben in einer sündigen Welt.

Soweit, liebe Geschwister, James M. Child.

Der Bericht eines von uns klänge womöglich ein wenig anders; aber ich denke doch, daß der Grundton auf viele von uns in Deutschland, speziell in einem Bezirk wie Zehlendorf, übertragbar wäre. Und gleichzeitig wissen wir unter uns eine ganze Reihe von Menschen, die angesichts dieser Gewissensqualen vielleicht denken: "Deine Sorgen möchte ich haben!"

Ich halte den Zeitpunkt für gekommen, in den Bibeltext zu schauen. Ich lese den Psalm 146 in der Luther-Übersetzung:

(1) Halleluja! Lobe den HERRN, meine Seele!

(2) Ich will den HERRN loben, solange ich lebe, und meinem Gott lobsingen, solange ich bin.

(3) Verlasset euch nicht auf Fürsten; sie sind Menschen, die können ja nicht helfen.

(4) Denn des Menschen Geist muß davon, und er muß wieder zu Erde werden; dann sind verloren alle seine Pläne.

(5) Wohl dem, dessen Hilfe der Gott Jakobs ist, der seine Hoffnung setzt auf den HERRN, seinen Gott,

(6) der Himmel und Erde gemacht hat, das Meer und alles, was darinnen ist; der Treue hält ewiglich,

(7) der Recht schafft denen, die Gewalt leiden, der die Hungrigen speiset. Der HERR macht die Gefangenen frei.

(8) Der HERR macht die Blinden sehend. Der HERR richtet auf, die niedergeschlagen sind. Der HERR liebt die Gerechten.

(9) Der HERR behütet die Fremdlinge und erhält Waisen und Witwen; aber die Gottlosen führt er in die Irre.

(10) Der HERR ist König ewiglich, dein Gott, Zion, für und für. Halleluja!

Ihr Lieben! Wie in vielen anderen evangelischen Gemeinden üblich und allsonntäglich praktiziert, habe ich den Gottesdienst heute mit Worten aus unserem Psalm eröffnet: *Unsere Hilfe steht im Namen des Herrn, der Himmel und Erde gemacht hat.*

Viele Leute wissen gar nicht, woher diese Worte kommen. Wir haben sie zwar eben erst gelesen, aber es mag *auch uns* <u>nicht bewußt</u> sein, daß wir mit dieser vermeintlich harmlosen Floskel bereits mitten drin sind in der biblischen Diskussion der Frage nach arm und reich, nach Gerechtigkeit, Frieden und Bewahrung der Schöpfung - kurz: nach den heute im Kontext des konziliaren Prozesses gestellten Fragen nach den menschlichen Dimensionen der Globalisierung.

Lassen Sie uns diesen bekannten Psalm einmal mit neugierigen Augen betrachten und zunächst fragen: Wer eigentlich hat Grund zum Jubeln, zur Freude und zu jener Dankbarkeit, die unser Psalmbeter von der ersten bis zur letzten Zeile zum Ausdruck bringt?

Es sind, so sagt er, die Hungrigen und die Unterdrückten, denen Gott Recht schafft. Das biblische Fundament, das am Anfang eines Gottesdienstes zu hören mir vertraut und willkommen ist, bekräftigt, daß Gott auf der Seite der Hungernden und Gewaltleidenden steht. Gott schafft den Armen Recht.

Eben hörten wir bereits, daß unsere Alltagserfahrung eine ganz andere ist: Das Vertrauen auf die Kräfte des Marktes wird dort beschworen und wohl auch von uns still mit gebetet, denn faktisch sehen wir unser wirtschaftliches Wohl und Wehe eben davon abhängig, daß es Wachstum gibt, daß die Konjunktur anspringt, daß Profite gemacht werden und die Börsenkurse steigen.

Der Psalmbeter gehört offenbar einer ganz anderen Welt an - und es fragt sich, ob wir, wenn wir uns seine Worte leihen, Zutritt gewinnen in diese so ganz andere Welt, oder ob wir damit lediglich unsere Hast-du-was-bist-du-was-Gesellschaft zu übertünchen suchen, weil wir deren Kälte und Nacktheit nicht ertragen; man hat das auch schon mal als Opium bezeichnet...

Der biblische Fromme jedenfalls vertraut auf Gott, auf Gott allein. Im Namen dessen, der alles gemacht hat und erhält - von ihm her kommt jene Hilfe, auf die man sich verlassen mag. Gottes Namen: wie oft rufen wir ihn aus - nicht nur unbedacht in Wünschen und Flüchen, sondern auch ganz bewußt, im Gottesdiensten zum Beispiel, bei einer Taufe, einer Trauung, bei den bevorstehenden Konfirmationen?! Wir operieren mit diesem Namen, als wäre er ein Werkzeug in unserer Hand; dabei sollte uns doch klar sein, daß es gerade umgekehrt ist: Die den Namen des Herrn anrufen, die dürfen auf seine Hilfe hoffen, aber sie sollten sich auch bewußt sein, daß nun nicht sie, sondern eben er derjenige ist, von dessen Tun alles weitere abhängig ist.

Wen oder was bezeichnet denn überhaupt jener Name? Schon mit unseren Konfirmanden läßt sich trefflich darüber philosophieren, inwiefern GOTT nicht nur ein Sammelbegriff für all das ist, was Menschen an Sehnsüchten und Wunschvorstellungen in die Welt gesetzt haben.

Wer den lebendigen Gott von Angesicht zu Angesicht sehen will, der soll ihn nicht am leeren Firmament seiner Gedankenwelt suchen, sondern in der Nächstenliebe, hat der fromme Dichter Dostojewski formuliert. Wir können aber durchaus auch auf die schriftlichen Zeugnisse zurückgreifen, die unsere Väter und Mütter im Glauben uns in der Bibel überliefert haben. Erkennen können wir den Namen des Herrn in Gottes Schöpfungshandeln wie auch im Wirken, Leben, Sterben und Auferstehen Jesu Christi. Wer in den Gottesdienst kommt und so begrüßt wird oder sich eigens daran macht, den 146. Psalm einmal gründlich zu lesen, der lernt den kennen, von dem man Hilfe erwarten darf; er lernt ihn kennen anhand der Taten Gottes, von denen dieser Psalm und unzählige andere Bibelabschnitte berichten.

Während wir uns darüber ärgern oder freuen mögen, daß uns am heutigen Nachmittag ein neuer Präsident [oder aber doch eine Präsidentin] von den dazu Bestellten gekürt wird, hält der Psalmbeter fest, was bleibt, obwohl die Herren dieser Welt kommen und gehen: *Der HERR ist König ewiglich, dein Gott, Zion, für und für.*

Es genügt, glaube ich, einige wenige Stichworte unseres kurzen Textes herauszugreifen, um die Parteilichkeit Gottes, sein Engagement für die Benachteiligten herauszuhören: Der Schöpfer des "Himmels und der Erde" ist ein Gott, der Recht schafft, der die Hungrigen speist, der die Gefangenen befreit, der die durch Armut noch verschlimmerten Krankheiten heilt, der die Fremdlinge behütet, statt das Ausländerrecht zu verschärfen und Schutzbefohlene abzuschieben, der sich der Witwen und Waisen annimmt, statt sie dem öffentlichen Sparzwang zu opfern und sie sich selbst zu überlassen.

Unser Gott setzt, wie wir sehen, Prioritäten, die *ganz und gar nicht* zum gesellschaftspolitischen Zeitgeist passen. Also, meinen mache, liegt es nahe, sich den Bibeltext so zurechtzubiegen, daß er für uns wieder paßt, daß er uns Wohlstandsbürgern noch jene Freude verheißt, um deretwillen wir ihn überhaupt als unsere Frohe Botschaft bezeichnen und von einer Generation an die andere weitergeben - wenn es sein muß per Verfassungspräambel, die klarstellt, daß Europa noch immer das christliche Abendland ist, in dem aber ansonsten jeder nach seiner Façon selig werden, andere nach Kräften übervorteilen und sein Schäfchen ins Trockene bringen kann...

Daß dieser Weg in die Irre führt, jedenfalls aber nicht zu Gott, das haben wir wohl schon seit längerem gespürt. Wenn unsere Gedanken nicht bei Gott ihren Ausgang nehmen, dann werden sie aus eigener Kraft auch nie dort ihr Ziel finden. Der Psalmist rückt die Dinge unmißverständlich zurecht, indem er darauf hinweist, daß es eben dieser so unmoderne Gott ist, der Himmel und Erde gemacht hat.

Lange vor allen menschlichen Ansprüchen auf Eigentum und andere Wirtschaftsgüter hat Gott seinen Anspruch auf die ganze Schöpfung geltend gemacht. Auf seinem Tun beruht alles, was Menschen mit ihren Aktivitäten erwirtschaften mögen.

So hat auch Jesus uns seinen Vater im Himmel vorgestellt: als DEN HERRN, DEN WIR ZU HÖREN, DEM WIR ZU VERTRAUEN UND ZU GEHORCHEN HABEN in allem, was wir tun und lassen. Er hat mit seinem Leben und Leiden bezeugt, was wir suchen und doch so oft nicht erkennen: das Reich Gottes ist nicht jenseits, es ist ganz nahe, ja, es ist schon mitten unter uns.

Das Problem besteht lediglich darin, ob wir uns als die Herren dieser Welt sehen oder tatsächlich jenen Heiland kennen und bekennen, der wahrhaftig aller Welt Herr ist?

Ist ER unser Herr, ER allein, und wir versuchen, IHM die Treue zu halten, wie wir SEINE Treue bekennen zu aller Welt - müßte dann nicht auch unser Wirtschaften anders zugehen, als daß nur gelegentlich ein paar Brocken vom Tisch herabfallen für die Hunde?!

Liebe Schwestern und Brüder, ich möchte gewiß nicht hehre Worte vor mir hertragen und dabei doch genau wissen, daß unsere Alltagserfahrungen andere sind. Dann würden die richtigen Parolen zu hohlen Phrasen, und das kann meine Absicht nicht sein.

Aber besteht die einzige Alternative darin, die Verheißungen der Bibel unter den Vorbehalt zu stellen, daß eben auch diese wahrhaft frommen Wünsche am Ende nichts anderes sind als fromme Wünsche, derer wir uns eigentlich schämen, die wir auf jeden Fall aber nur halblaut in den Mund nehmen sollten?

Nein, auch wenn ich mir bewußt bin, daß sogar der Prediger der Guten Nachricht ein in den Sündenzusammenhang dieser Welt verstrickter Mensch ist, bleibe ich dabei: Wir, das heißt: alle Menschen, allen voran aber die Elenden und Armen dürfen den anrufen, dessen Name Ich-bin-bei-euch ist.

Und er wird bei uns sein, um uns zurecht zu bringen, und er wird unsere Welt, die wir zu einer Kampfarena verkehrt haben, in der jeder gegen jeden kämpft, wieder zu einem Garten machen, in dem jeder bei seinem Feigenbaum und Weinstock sitzen wird.

Auch das, liebe Geschwister, ist - entgegen den Annahmen gescheiterter Fanatiker - kein Kampfprogramm zur zwanghaften Beglückung der Massen; **er selbst, er allein** wird tun, was sein Name verheißt. Darauf *müssen* wir *warten*, darauf aber dürfen wir auch hoffen - denn UNSERE HILFE KOMMT VON DEM HERRN, DER HIMMEL UND ERDE GEMACHT HAT.

AMEN.

8. Sonntag nach Trinitatis, 2. August 2009

Liebe Schwestern und Brüder, seit ein paar Jahren habe ich es mir zur Gewohnheit gemacht, gelegentlich - vorzugsweise in der Urlaubszeit - zu einem biblischen Buch oder Thema kleinere Predigtreihen durchzuführen, wie es der Auslegungstradition der Reformierten Kirche entspricht.

Ich will Ihre Toleranz nicht überstrapazieren, aber gerade im Calvin-Jahr rechne ich mit einem gewissen Verständnis dafür, daß ich mich bemühe, dieser evangelischen Tradition eine Stimme zu geben.

Nun also Jona, ein vergleichsweise bekanntes Buch, das in so manchem Kindergottesdienst aufgegriffen wird, weil es sich so anschaulich nacherzählen läßt. In unserer Perikopenordnung hingegen taucht das Jonabuch lediglich als Auswahltext in der Osterzeit auf.

Ich möchte Sie heute nicht mit einer ausführlichen Einleitung langweilen, verzichte deshalb auf einen Vorab-Überblick über jene vier Kapitel, die es auszulegen gilt. Statt dessen lese ich die knappe Einführung von *Dorothea Erbele-Küster* vor, die dieses Prophetenbuch für die Bibel in gerechter Sprache übersetzt hat:

Erzählt wird die Geschichte von Jona, der von Gott den Auftrag erhält, der Stadt Ninive ihre Bosheit vor Augen zu führen. Zunächst flieht Jona. Als er dann doch den Auftrag erfüllt, wird seine Vorstellung von Gott in Frage gestellt.

In die Erzählung ist (Kap. 2) ein Psalm eingewoben. Die Rolle eines großen Fisches oder die Situationskomik legen es nahe, das Buch Jona als Beispielgeschichte oder Ironie zu bezeichnen.

Die Erzählung ist merkwürdig zeitlos. Rückbezüge auf prophetische Bücher und Psalmen, sowie aramäische Lehnwörter weisen auf eine Abfassung im späten 4. Jh. v. Chr..

Jonas Bekenntnis zu »Adonaj, der Gottheit des Himmels, die das Meer und das Trockene gemacht hat« und die Verwendung von *elohim* (Gottheit) ermöglicht allen Lesern und Hörerinnen eine Identifikation.

Die umfassende Fürsorge Gottes steht zentral. Im Judentum wird das Buch Jona am Versöhnungstag vorgelesen, denn es schildert anschaulich die Umkehr Gottes und der Menschen.

Jona leidet nicht unter einem Gottesbild, das fremden Völkern keinen Zugang bieten will, wie es antijüdische Interpretationen betonen, sein Konflikt ist vielmehr mit der offenen Frage am Ende markiert: Wie verhalten sich Gerechtigkeit und Erbarmen in Gott zueinander?

Lassen Sie uns nun das erste Kapitel aufschlagen, das sich mir als ein Kurzdrama in drei Bildern darstellt: Gottes Wort - Jonas Widerwort - Gottes Antwort.

Es erging das Wort ADONAJS an Jona, Sohn Amittais: »Steh auf! Geh nach Ninive, in die riesige Stadt! Rufe gegen sie aus, denn ihre Bosheit ist bis vor mein Angesicht hinauf gedrungen«.

Liebe Geschwister, “aufstehen” ist ein zentrales Wort der christlichen Botschaft, wenn es auch - mit fatalen Folgen, man denke an Luther und die Bauernkriege - zerlegt wurde in ein *gutes*, christliches Auf-er-stehen und ein *böses*, weltliches “Aufstand anzetteln”.

Biblisch gesehen läßt sich diese künstliche Unterscheidung nicht aufrecht erhalten - Gott gibt die Kraft und den Auftrag zum aufrechten Gang: “Komm aus deinem Sessel und stell dich der Realität!”

Wenn ich recht sehe, bedrängt uns dieser Aufruf nicht weniger als den frommen Israeliten Jona - ob er nun tatsächlich gelebt hat oder nur eine Musterfigur ist, an der das Typische der damaligen Zeit aufgezeigt werden sollte, sei dahingestellt. Uns trifft der Anspruch Gottes: “Steh von den Toten auf und lebe das Leben, das ich dir gegeben habe!” ebenso schroff und provoziert dieselbe Abwehrreaktion wie hier gleich folgen wird.

Allerdings: Wenn der Name jener Stadt genannt wird, der zu predigen Jona beauftragt wird, dann löst das bei uns nicht dieselbe Abwehrreaktion aus, weil NINIVE für uns nur noch Geschichte ist.

Wir kommen an anderer Stelle darauf noch zu sprechen, hier weise ich lediglich darauf hin, daß Gottes auserwähltem Bußprediger zugemutet werden soll, ausgerechnet denen ins Gewissen zu reden, die durch ihr offenkundig gewissenloses Verhalten, durch ihre Rücksichtslosigkeit und Brutalität nicht nur Israel schweres Leid zugefügt haben.

Setzen Sie dafür als heutige Entsprechung ein, was Sie mögen, und wir verstehen vielleicht etwas besser, warum Jona sich zwar auf den Weg macht, aber schnurstracks in die entgegengesetzte Richtung:

Da stand Jona auf, jedoch um vor ADONAJS Angesicht nach Tarschisch zu fliehen. Er stieg nach Jafo hinab, fand ein Schiff, das im Begriff war nach Tarschisch zu fahren, bezahlte Fahrgeld und stieg ein, um mit ihnen nach Tarschisch zu fahren – nur weg von ADONAJS Angesicht.

Liebe Geschwister, was den Damaligen Tarschisch - vielleicht liegt das bei Sevilla -, das wäre unseren Zeitgenossen Neuseeland, wenn nicht gleich eine Kolonie auf dem Mond oder Mars.

Jona sieht nur eine Möglichkeit, sich dem Willen Gottes zu entziehen: die Flucht ans Ende der Welt. Dahinter steckt die etwas naiv anmutende Logik: Wenn Gott auf dem heiligen Berg Zion wohnt und vor allem anderen der Gott Israels ist, dann wird sein Einfluß immer geringer, je weiter man sich von diesem Epizentrum göttlicher Macht entfernt.

Hinzu kommt der Gedanke, daß das Meer eine Chaosmacht ist, die zwar von Gott in seinem Schöpfungswerk bezwungen wurde, die man jedoch trotzdem besser meidet, wenn einem das Leben lieb ist. [Auch hier besteht aus meiner Sicht eine gewisse Analogie zu den Weltraum-Abenteuern der vergangenen fünfzig Jahre.]

Warum jedoch will Jona lieber sterben als Gottes Auftrag zu erfüllen? Zunächst war doch nur davon die Rede, daß Ninives Untaten zum Himmel schreien und deshalb jetzt Gottes

Stimme dort laut werden soll - und zwar gewiß nicht als Lob, zur Ermutigung, sondern als Rote Karte.

Wenn man "denen da oben" sowieso schon immer mal seine Meinung sagen wollte und nun auch noch eine Autorisierung von allerhöchster Stelle vorzuweisen hat, dann müßte das doch eigentlich ein attraktiver Job sein. Und schlimmer als die Todesgefahr einer Seereise ist es auch nicht - nicht wahr, Thomas, so als solltest Du in Gottes Namen ein Flugzeug besteigen!

Ist es mangelnder Kampfeswille, der Jona in die Flucht treibt? Ist es eine Strategie zur Vermeidung von Frustrationen, weil der fromme Eiferer damit rechnet, daß die Niniviten auf Gottes Ultimatum reagieren werden wie die Regierung von Nordkorea und anderen Staaten auf die Resolutionen der UNO-Vollversammlung?

Lassen wir diese Fragen nach dem dritten Vers des ersten Kapitels noch offen und wenden uns jetzt lieber der Antwort zu, die Gott dem Propheten gibt:

ADONAJ aber schleuderte einen gewaltigen Sturm übers Meer. Ein großes Unwetter entstand im Meer, so daß das Schiff drauf und dran war auseinander zu brechen.

Ich muß mich jetzt kürzer fassen und belasse es daher bei der Bemerkung, daß offenbar alles, was geschieht, auf Gottes Willen und Wirken zurückgeführt wird: Er ist und bleibt der Akteur bei allem, was in der Folge noch zu erzählen ist.

Und erzählt wird - so beiläufig und dadurch so selbstverständlich! -, wie Menschen aus aller Herren Länder, so multikulturell, wie es nur geht! - sich auf ihre jeweilige Religion besinnen und - jeder auf seine Weise - zu beten beginnen in der Hoffnung, daß die Not ein Ende findet:

Da fürchteten sich die Seeleute. Sie schrien, jeder zu seiner Gottheit und warfen die Gegenstände, die im Schiff waren, ins Meer, um es um diese leichter zu machen. Doch Jona war in das Innere des Schiffes hinabgestiegen. Er hatte sich hingelegt und schlief tief.

Der Kapitän näherte sich ihm und sagte zu ihm: »Wie? Du schläfst? Steh auf! Rufe zu deiner Gottheit! Vielleicht errettet diese Gottheit uns ja, so daß wir nicht untergehen.«

Ein Kommentar an dieser Stelle erübrigt sich beinahe! Ich sage mal: Die Evangelisten, die uns - eben gehört - von Jesus im Seesturm erzählen, haben offensichtlich in der Thoraschule gut aufgepaßt.

Einer sprach zum andern: »Laßt uns Lose werfen, damit wir erkennen, wer die Ursache unseres Unheils ist!« Sie warfen die Lose und das Los fiel auf Jona. Da fragten sie ihn: »Klär uns doch auf, weshalb uns dieses Unheil trifft. Was ist deine Arbeit? Woher kommst du? Aus welchem Land und von welchem Volk stammst du?« Er sagte ihnen: »Ein Hebräer bin ich und ADONAJ, die Gottheit des Himmels, die das Meer und das Trockene gemacht hat, fürchte ich.«

Die Gewohnheit, das Los entscheiden zu lassen, erscheint uns als ein Aberglaube, wird aber in der Heiligen Schrift nicht verworfen, sondern ganz selbstverständlich aufgegriffen bis hin zum Purimfest, bei dem gefeiert wird, daß die per Los ermittelten Tage der Vernichtung Israels durch Gottes Eingreifen verwandelt wurden in Tage der Bewahrung, der Freude und sogar der Rache an den Feinden der Juden.

Mir fällt auf, daß Jona keinerlei Ausflüchte sucht: Er fügt sich der Logik ausgeprägter Religiosität, die an Bord herrscht, und gibt eine bemerkenswerte Auskunft auf die Frage, zu welchem Volk er gehöre:

»Ein Hebräer bin ich und ADONAJ, die Gottheit des Himmels, die das Meer und das Trockene gemacht hat, fürchte ich.«

- Da, wo er Gott am fernsten zu sein hoffte, kommt ein Glaubensbekenntnis über seine Lippen, das von ferne erinnert an die mißlungenen Fluchworte Bileams, der - obwohl er das Gegenteil wollte - das wandernde Gottesvolk segnete.

ADONAJ, Gott, hat Himmel und Erde, das Trockene und die Meere, geschaffen. Das ist das Dilemma, in dem sich der Abtrünnige befindet: denn ein Entrinnen vor diesem Gott kann es nicht geben - weder zu Lande noch zu Wasser, und nicht einmal im Weltall!

Der Wucht dieses Bekenntnisses entspricht das Echo der Seeleute:

Da erfaßte die Männer eine tiefe Furcht und sie sagten zu ihm: »Was hast du bloß getan?!« Die Männer erkannten nämlich, daß er vor ADONAJS Angesicht auf der Flucht war – er hatte es ihnen ja deutlich gemacht. Sie sagten zu ihm: »Was sollen wir mit dir nur machen, damit das Meer uns in Ruhe läßt? Denn das Meer wird immer stürmischer.«

Die Matrosen erinnern in ihrer Hilflosigkeit, aber auch in ihrem Respekt gegenüber Gott an die Jünger Jesu im Sturm. Sie spüren, daß sie dieser lebensbedrohlichen Situation nur entkommen, ihr Problem nur loswerden können, wenn sie sich dessen Verursachers entledigen. Ihr Gewissenskonflikt - im Munde des Hohenpriesters an prominenter Stelle im Neuen Testament abermals auftauchend - lautet: Soll ein Mensch sterben, damit alle anderen am Leben bleiben?

Er entgegnete ihnen: »Nehmt mich und werft mich ins Meer, dann wird euch das Meer in Ruhe lassen, denn ich weiß genau, daß dieses gewaltige Unwetter meinetwegen über euch gekommen ist.« Aber die Männer legten sich ins Zeug, um ans Festland zurückzukehren. Doch sie vermochten es nicht, denn das Meer gischtete ihnen noch heftiger entgegen.

Das nötigt mir Respekt ab, liebe Glaubensgeschwister: Diese Heiden, diese Götzenanbeter haben doch immerhin so viel Ehrgefühl im Leib, daß sie alles Mögliche versuchen, um das avisierte Menschenopfer zu vermeiden!

Sind sie damit am Ende sogar moralisch überlegen? - Zur Ehrenrettung Jonas möchte ich daran erinnern, daß der Gottesmann immerhin von sich aus angeboten hatte, ihn über Bord zu werfen, um die Bedrohung loszuwerden. Und schließlich sehen die ebenso gottesfürchtigen wie um ihr Leben zitternden Seeleute keine Alternative mehr:

Sie riefen zu ADONAJ und sprachen: »Ach ADONAJ! Laß uns doch nicht untergehen wegen des Lebens von diesem Mann! Bringe nicht unschuldiges Blut über uns, denn du, ADONAJ, handelst, wie es dir gefällt.«

Sie nahmen Jona und warfen ihn ins Meer. Da verebbte das Wüten des Meeres. Die Männer erfaßte eine tiefe Furcht vor ADONAJ. Sie brachten ADONAJ ein Opfer dar und legten Gelübde ab.

Wir fassen zusammen: Um seine Ehre wiederherzustellen und für Recht zu sorgen, hatte Gott Jona nach Ninive schicken wollen. Das ist bislang nicht verwirklicht.

Wohl aber wird selbst dort, wo niemand damit gerechnet hätte, - mitten auf hoher See - der Name Adonajs mit Ehrfurcht angerufen: Atheisten und Andersgläubige lassen sich beeindrucken von Gottes Macht.

Und jener Prophet, der lieber sterben als missionieren wollte, der zwar Gott bekennt, aber zugleich bekämpft, muß sich geschlagen geben; er opfert sich - und wird wider Willen zum Katalysator des Glaubensbekenntnisses anderer!

Gewiß: Wer kämpft, kann verlieren, und das ist unendlich bitter. Wer aber - wie der Gottesmann in unserer Geschichte - gar nicht erst kämpfen mag, der hat schon verloren.

Es steht 1:0 für Gott am Ende des ersten Kapitels. Uns bleiben drei weitere Sonntage, um die weitere Entwicklung zu verfolgen...

9. Sonntag nach Trinitatis, 9. August 2009

Liebe Schwestern und Brüder,

wir sind am vergangenen Sonntag aufgebrochen mit Jona, der Gottes Ruf vernommen hatte und sich unverzüglich auf den Weg machte - allerdings nicht nach Ninive, wie ihm gesagt worden war, sondern westwärts, eingeschifft in Richtung Spanien.

Wie es mit Gottes Bußruf weitergeht, erfahren wir heute nicht, denn der Erzählfaden enthält im zweiten Kapitel sozusagen einen Knoten, bei dem wir verweilen werden.

Nur soviel sei vorab noch unter der Rubrik "was bisher geschah" verraten: Der Widerspenstige, Fluchtwillige ist sich tief in seinem Herzen des Widerspruchs bewußt, dem allmächtigen Gott des Himmels, der das Meer und das Trockene geschaffen hat, dadurch entkommen zu wollen, daß er möglichst weit weg strebt von seinem heiligen Berg Zion.

Zu recht wurde im Nachgespräch an PSALM 139 erinnert: Wohin soll ich gehen vor deinem Geist, und wohin soll ich fliehen vor deinem Angesicht? Führe ich gen Himmel, so bist du da; bettete ich mich bei den Toten, siehe, so bist du auch da. Nähme ich Flügel der Morgenröte und bliebe am äußersten Meer, so würde auch dort deine Hand mich führen und deine Rechte mich halten.

Aber der Jona, den wir bisher kennengelernt haben und auch in den weiteren Kapiteln dieses Prophetenbüchleins antreffen werden, ist nicht so reflektiert, besitzt nicht jene Demut, die den Beter des 139. Psalms charakterisiert. Er ist ein Trotzkopf, ein frommer Eiferer, einer, der gegen Gott recht behalten und immer das letzte Wort haben will.

Im zweiten Kapitel, das wir nun aufschlagen, ist ein anderer Ton zu hören - so verschieden, daß die Forscher vermuten, hier komme ein Späterer zu Worte, hier melde sich die Stimme eines Menschen, für den sich die Satire in Ironie verwandelte, der die Beispielgeschichte verstanden, die "Lektion Jona" gelernt hat.

Verknüpft mit wenigen Stichwortverbindungen, besteht Kapitel 2 im Kern aus einem Psalm. Doch was für ein Gebet würden Sie nach folgenden einleitenden Versen erwarten?

ADONAJ aber bestimmte einen großen Fisch, Jona zu verschlingen, und Jona war drei Tage und drei Nächte im Bauch des Fisches. Da flehte Jona zu ADONAJ, seiner Gottheit, aus dem Bauch des Fisches...

Was jetzt folgt, sehen wir uns gleich in Ruhe an. Vorher jedoch ein paar Bemerkungen zur Wirkungsgeschichte des Jonabuches:

Liebe Geschwister, es hat mich zugegebenermaßen ein wenig Mühe gekostet, den Sprachgebrauch meiner Kindertage abzulegen, da ich das "Fahrzeug", in dem Jona durchs Meer transportiert wird, WALFISCH zu nennen pflegte - so steht es oft auch in der Kinderbibel.

Nachdem ich begriffen hatte, daß Wale nun mal Säugetiere sind, gewöhnte ich mir dieses unpassende Wort nach und nach ab; übrig blieb der Wal, was ja auch - mit viel Phantasie - der Szene einen Hauch mehr Realismus verleiht:

Wenn man statt des Magens im "Bauch" - also im Innern des Tieres - ein anderes Organ als Aufenthaltsort des Mannes annimmt - die Lunge etwa -, dann dürfte das Meeresmonster zwar fürchterlich gehustet haben, aber unter Umständen wäre der Schiffbrüchige nicht erstickt oder gar verdaut worden. Mit derartigen Überlegungen hielt ich wenigstens meine kindliche Vorstellung am Leben, denn ein auf diese Weise Geretteter ist auch nicht unwahrscheinlicher als jemand, der über das Wasser läuft oder Wasser in Wein verwandelt...

Allerdings blieb auf diese Weise eine andere Frage vollkommen unbeachtet: Gibt es denn überhaupt Wale im Mittelmeer? - Ich vermute heute ganz stark, daß das nicht der Fall ist.

Und nicht allein deshalb begegnet hier ein "großer Fisch". Der kann dann in doppelter Hinsicht zum "Zeichen des Jona" werden, auf das Jesus Neugierige hinweist, die er damit im Grunde ohne Antwort entläßt. Denn jene merkwürdigen drei Tage, von denen hier (wie übrigens auch im Hoseabuch) die Rede ist, besagen für sich genommen gar nichts; allenfalls haben sie später die Berichte von der Kreuzigung beeinflußt, indem vom Tage der Auferstehung an drei Tage zurückgerechnet wurde, wann die Hinrichtung stattfand - auch wenn das wieder andere logische Probleme aufwirft, die wir aber heute außer acht lassen müssen.

Zurück zum Fisch: der wurde später zu einem frühen Erkennungszeichen der Christenheit, und zwar weniger Jonas wegen als vielmehr deshalb, weil die Buchstaben des griechischen Wortes für "Fisch", "ΙΧΘΥΣ" - I - Ch - Th - Y - S -, als Anfangsbuchstaben gelesen, ein Kurzbekenntnis ergeben: Jesus Christus, Gottes Sohn, Retter.

Um Rettung aus der Not geht es auch in jenem Psalm, den wir nun endlich näher betrachten wollen. Allerdings - achten Sie mal darauf! - fragt es sich, ob die gewählten Worte zu der Szene passen, in der sie erklingen:

»In meiner Bedrängnis rufe ich zu ADONAJ und ADONAJ antwortete mir.

Aus dem Schoß der Unterwelt schreie ich um Rettung, du hörst meine Stimme.

Du hast mich ins Herz des Meeres geworfen, ein Strom umgab mich, all deine Brandungen und Wogen brachen auf mich nieder.

Ich dachte: Verstoßen bin ich – weg aus deinem Blickfeld.

Dennoch will ich deine heiligen Hallen schauen.

Wasser umschloß mich bis zu meiner Kehle, die Urflut umringte mich, Schilf umschlang meinen Kopf.

Bis ans Äußerste der Berge bin ich hinabgesunken.

Das Land, dessen Riegel für mich auf immer verschlossen waren.

Aber du hast mein Leben aus der Grube herausgeführt, ADONAJ, mein Gott.

Als meine Lebenskraft in mir zusammenbrach, gedachte ich ADONAJS, und zu dir kam mein flehendes Gebet, zu deinen heiligen Hallen.

Die sich an Vergängliches, ja Nichtiges, klammern, sie stoßen die ihnen zugedachten Liebesbezeugungen zurück.

Ich aber bringe dir mit dankbarer Stimme ein Opfer dar. Was ich gelobt habe, will ich erfüllen. Rettung ist bei ADONAJ.«

Liebe Gemeinde, gegen diese frommen Worte wäre nicht das Geringste einzuwenden, stünden sie nicht ausgerechnet in der Mitte des Jonabuches!

Nicht nur der Ton paßt nicht zu jenem Widerspruchsgeist, den wir bisher kennengelernt haben, zu jenem Jona, der lieber wegläuft, als Gottes Auftrag zu folgen, der - wie wir noch hören werden - Gott vorhält, daß er zu nachsichtig sei, der stets etwas an Gottes Güte auszusetzen hat.

Auch an der Grammatik stoße ich mich, denn hier ist bereits der Rückblick auf die geschehene Rettung eingearbeitet - was einerseits dazu führt, daß auch wir uns diese Worte dann und wann leihen können, andererseits aber die Fiktion ad absurdum führt, hier schicke ein Ertrinkender ein Stoßgebet gen Himmel.

Auch wenn dieses Gebet höchstwahrscheinlich nicht Jona zuzurechnen ist, auch wenn es ganz gewiß keinen spontanen Hilferuf in akuter Notsituation darstellt - hören wir, was der Betende zu sagen hat!

Zunächst: Wie auch immer schwierig sein Gottesverhältnis sein mag - das kennen wir ja nicht nur von anderen biblischen Personen, sondern durchaus auch aus eigener Erfahrung -, hält sich der Beter doch an ein ihm vertrautes, zumindest wohlbekanntes Gegenüber:

Er ruft zu Gott, betet zu Adonaj mit jener zornig-vertrauensvollen Hinwendung, mit der das gekränkte Kind seiner Mutter vorhält, daß sie es ungerecht behandelt habe... - wen sollte man auch sonst zu Hilfe holen, als Zeugen und Schiedsrichter zugleich in die Pflicht nehmen?!

"Jona" ist durch die Hölle gegangen, und *dieser Jona* ist geläutert: er hat einsehen müssen, wie wenig er selbst in der Hand hat, wie sehr sein Wohl und Wehe von Gottes Güte abhängig ist.

Jener Jona, dem solche Worte über die Lippen kommen, wie wir sie eben hörten, kann uns zum Lehrmeister in Sachen "leidenschaftliche Spiritualität" werden, denn obwohl er sich erst beklagt: Ich dachte: Verstoßen bin ich – weg aus deinem Blickfeld, bekennt er schließlich doch: Du hast mein Leben aus der Grube herausgeführt, ADONAJ, mein Gott.

Wer von uns das so nicht sagen mag - auch ich bin ein eher nüchterner Mensch -, der sollte sich aber doch fragen: Bin ich zu stolz für ein derartiges Gebet, weil man mir eingebläut hat, daß jeder seines Glückes Schmied sei, daß man die Suppe selber auslöffeln müsse, die man sich eingebrockt hat?

Oder weiß ich zwar im tiefsten Innern, daß ich mir Schuld nicht selber vergeben, daß ich nur durch Hilfe von außen aus einer verfahrenen Situation herausfinden kann, daß ich auf andere angewiesen bin, die mir Trost zusprechen - aber mir mangelt eben doch an jenem Vertrauen, auf das sich Jona hier stützt, auf das sich Jesus in Gethsemane stützt, das die Frommen der Bibel mir offenbar voraus haben - und das wir dennoch im Glaubensbekenntnis auf die eine oder andere Weise behaupten, etwa:

Gott bewahrt mich so, daß ohne den Willen meines Vaters im Himmel kein Haar von meinem Haupt kann fallen, ja, daß mir alles zu meiner Seligkeit dienen muß.

Ist das nun erfahrungsgestützes Vertrauen, oder ist das lediglich Ideologie, sind das fromme Worte ohne Realitätsbezug?

Läuft Ihnen ein Schauer über den Rücken, wenn Sie die Worte Dietrich Bonhoeffers aus dem Jahr 1944 hören: Ich glaube, daß Gott uns in jeder Notlage soviel Widerstandskraft geben will, wie wir brauchen. Aber er gibt sie nicht im voraus, damit wir uns nicht auf uns selbst, sondern allein auf ihn verlassen - , oder tun Sie das innerlich ab, weil es zu wenig zu tun hat mit eigenen Lebensumständen und Glaubenserfahrungen?

In unserem Psalm lesen wir: Als meine Lebenskraft in mir zusammenbrach, gedachte ich ADONAJS, und zu dir kam mein flehendes Gebet, zu deinen heiligen Hallen.

Die sich an Vergängliches, ja Nichtiges, klammern, sie stoßen die ihnen zugedachten Liebesbezeugungen zurück.

Ich aber bringe dir mit dankbarer Stimme ein Opfer dar. Was ich gelobt habe, will ich erfüllen. Rettung ist bei ADONAJ.

Vergänglich, noch genauer: Nichtse nennt die Bibel Götzen. Aber das sind nicht unbedingt Kultstatuen, sondern ist all das, was Menschen verehren, weil sie es für unverzichtbar und heilbringen halten.

Nichtig, anders ausgedrückt: zunichte gemacht war das Leben des Flüchtigen. Jonas Leben war nichts mehr, weil der Versuch, Gott zu entrinnen, von vornherein zum Scheitern verurteilt war.

Doch eben dadurch erfuhr er letzten Endes auch Rettung: denn wenn Gott ihn nicht aus seinen Händen entweichen ließ, dann fiel der Überbordgegangene auch nirgends anders hin als wieder in Gottes Hand.

Das wird ihm klar, als es sonst nichts mehr zu planen und zu verwirklichen gibt, als er auf seine Ohnmacht geworfen wird und Gottes Macht erkennt.

Und das muß wohl derjenige, der letzte Hand an die Komposition des Jonabuches gelegt hat, ähnlich gesehen haben, auch wenn wir schon im nächsten Kapitel abermals einen mißmutigen Gottesknecht erleben werden, der widerwillig tut, wogegen sich zu sträuben ja offenkundig keinen Sinn hat.

Gott gibt ihm eine zweite Chance. Er schenkt ihm ein neues Leben. Er läßt ihn aufstehen aus dem Rachen des Todes, läßt ihn herauskommen aus der Grabkammer, die ihn umgeben hatte.

Unser heutiges Kapitel endet mit der Vorbereitung der nächsten Szene. Gott allein entscheidet, was weiter geschehen soll: Er setzt die Szene noch einmal auf ANFANG: Da sprach ADONAJ zum Fisch und er spie Jona aufs Trockene.

Der Prophet, dessen Leben auf so unsanfte Art gerettet wurde, nennt, was wir vornehm als "Wiedergeburt" bezeichnen, im Klartext gescheiterter Existenzen, die sich noch einmal berappeln: Jona fühlt sich wie ausgekotzt.

Aber wenigstens hat er wieder festen Boden unter den Füßen!

Schön schlimm - aber eigentlich kann es doch jetzt nur besser werden!

Was macht der Prophet daraus? - Hier geht die Geschichte weiter am kommenden Sonntag.

Und was machen ***wir*** daraus, wenn wir Vergleichbares erleben, wenn wir "dem Tod von der Schippe hopsen", wie man umgangssprachlich sagt?

Hier könnte unser heutiges Gespräch anknüpfen.

10. Sonntag n. Trinitatis, 16. August 2009

"Stell dir vor, es ist Krieg - und keiner geht hin..."

Liebe Geschwister, das war ein Muß damals, als ich studierte, Anfang der 80er Jahre, ebenso wie "Atomkraft? Nein, danke!"

Aber so richtig vorgestellt hat man es sich trotzdem nicht, daß all der Protest etwas ausrichten könne.

- Vielleicht war es Kleinglauben.

Vielleicht war es aber auch nur das Festhalten an liebgewordenen Verhaltensmustern und Denkweisen: Wenn niemand mehr Dinge täte, gegen die zu empören grundanständig und sogar christlicherseits geboten ist - wer bliebe da noch als Feindbild?

Wie sollte dann die eigene Gruppe ihr Profil bewahren als die Aufgeklärten, die Wachen, die mit der Fühlung am Puls der Zeit?

Wenn es keine Bösen mehr gäbe, woran erkennte man dann noch die Guten?

Stell dir vor, es ist Naziaufmarsch - und statt der üblichen Konfrontation zwischen den Ewiggestrigen und der "Antifa" käme auf einmal ein Dialog zustande, und die Braunen würden schließlich Farbe bekennen: Schluß mit der Ausländerfeindlichkeit, Ja zur Multikulturalität, vorbei die Gewalt gegen Homosexuelle, Reue und Neubesinnung gegenüber den Juden.

Okay - das übersteigt nicht nur Ihr Vorstellungsvermögen, sondern durchaus auch meines.

Darin erweisen wir uns als Erben jenes Mann, von dem nun weiter erzählt werden soll: Jona, der Missionar wider Willen, der in die Höhle des Löwen geschickt wird - und sich nicht etwa deswegen ziert, weil er um sein Leben fürchtet, sondern weil er den Löwen nicht gezähmt, sondern getötet sehen will.

Hören wir das dritte Kapitel des Jonabuches:

Das Wort ADONAJs erging an Jona – ein zweites Mal:

»Steh auf! Geh nach Ninive! In die riesige Stadt! Rufe ihr die Botschaft zu, die ich dir auftrage!«

Jona stand auf und ging nach Ninive, wie ADONAJ ihm aufgetragen hatte. Ninive war aber selbst für Gott eine große Stadt. Es dauerte drei Tage sie zu durchqueren.

Jona war gerade mal einen Tag in die riesige Stadt hineingelaufen, da rief er umher und sagte: »Noch 40 Tage! Dann ist Ninive völlig umgeworfen«.

Da setzten die Leute von Ninive Vertrauen in Gott. Sie riefen ein Fasten aus und kleideten sich in Sack und Asche von Groß bis Klein. Als das Wort den König von Ninive traf, erhob er sich von seinem Thron, tat sein Herrschaftsgewand ab, zog Sackzeug an und setzte sich in den Staub. Er ließ in Ninive ausrufen und auf Erlaß des Königs und seiner Großen kundtun: »Menschen und Tiere, Groß- und

Kleinvieh, sollen überhaupt nichts zu sich nehmen, sie sollen weder essen nochWasser trinken. Sie sollen sich in Sack und Asche kleiden, Mensch und Tier, und zu Gott mit Macht rufen. Jeder und jede soll vom bösen Weg umkehren und von der Gewalttat, die an ihren Händen klebt. Wer weiß, vielleicht kehrt die Gottheit noch einmal um, vollzieht eine Bewegung des Trosts und wendet sich ab von ihrem glühenden Gesicht, so daß wir nicht untergehen.«

Da sah die Gottheit, was sie taten: Ja wirklich! Sie kehrten um von ihren bösen Wegen. Die Gottheit bereute das Unheil, das sie angekündigt hatte ihnen anzutun, und sie tat es nicht.

Nach Ninive gehen, liebe Gemeinde, das klingt so beliebig, so entfernt. Aber Ninive damals, das war wie Moskau während des Kalten Krieges, das war wie Teheran heute oder wie Berlin im Dritten Reich.

Geh in das Land, in dem noch heute Menschen leben, die sich weigern, Verantwortung zu übernehmen für das, was sie getan haben, wie der mittlerweile 90jährige Kriegsverbrecher Josef S., der sich darauf beruft, doch nur seine Pflicht getan zu haben fürs Vaterland, als er 1944 in der Toscana Zivilisten aus Rache für Widerstandsaktivitäten umbringen ließ, indem man sie in einem Wohnhaus einsperrte, das dann in die Luft gesprengt wurde...

Geh dorthin, wo Mord und Gewalttat ihren Ursprung haben, dahin, wo die Wannseekonferenz stattfand, dorthin, wo sie es sich haben wohl sein lassen mit ihren Freunden und Familien, die Krieg und Unheil über die Nachbarvölker gebracht und beschlossen haben, das Volk Gottes vom Erdboden auszutilgen!

Und was sollte das für eine Botschaft sein, die man solchen Leuten zurufen könnte?!

- Etwa die der frommen Eiferer, die in Länder gehen, in denen christliche Mission bei hohen Strafen verboten ist, und die Muslimen traktieren: "Nehmt Christus als euren Herrn an!"? (Wobei diejenigen, die diese polternden Aktionen nicht mit ihrem Leben bezahlen, hohe Summen aufbringen müssen, um bei diesem Abenteuer mit Gott dabeisein zu dürfen; und sie sind nicht einmal versichert, wenn etwas passiert. - So gesehen in einer Fernsehreportage in der vergangenen Woche!)

- Oder finden Sie es besser, wenn die hinlänglich bekannten Weltuntergangspropheten vor U-Bahneingängen und Kaufhäusern fröhlich-lächelnd "Erwachet!" anbieten, auf daß die Bekehrten am Tage von Harmageddon Zuflucht fänden unter dem Schutz des Höchsten?!

Jona hat nichts weiter zu tun als Gottes Botschaft auszurichten. Aber er will nichts davon wissen, daß die Kranken des Arztes bedürfen, nicht die Gesunden, daß Gott regnen läßt über Gerechte und Sünder, daß er schon zufrieden gewesen wäre, wenn man in Sodom zehn Gerechte gefunden hätte.

Jona denkt, was viele Fromme ebenso empfinden: "Das haben die gar nicht verdient, in letzter Sekunde noch eine Chance zu bekommen, dem Untergang zu entrinnen! Die sollen jetzt mal schön die Suppe auslöffeln, die sie sich - und uns allen - eingebrockt haben!"

- Ja, Jona, ich kann dich darin verstehen, daß du verlangst, es dürfe nicht folgenlos bleiben, was Menschen mit voller Absicht und ohne Rücksicht auf Verluste falsch gemacht haben!
- Ja, Jona, auch ich wünsche mir manchmal, daß einer mit der Faust dreinschlägt und den Skrupellosen wenigstens mal ordentlich Angst einjagt, damit sie mal sehen, wie sich das anfühlt, wenn andere mit deinem Leben spielen...

☞ Aber Jona hat kapiert, daß Gott nun mal der Stärkere ist. Gegen dessen Dickkopf kommt er einfach nicht an. Also macht er sich auf den Weg in diese Mega-Stadt, diesen Moloch, den zu durchqueren drei Tage in Anspruch nehmen würde.

Statt bis ins Zentrum geht er nur bis in einen der Außenbezirke, und ohne sich irgendwelche Mühe zu geben, die Menschen mit der Botschaft Gottes auch tatsächlich zu erreichen - also sozusagen: indem er nichts weiter tut als "Dienst nach Vorschrift" - knallt der Prophet den Niniviten die harten Fakten um die Ohren: "In vierzig Tagen gehen hier alle Lichter aus! Sense, Basta, Schluß, vorbei!"

Also nicht: "Schluß jetzt mit der ewigen Wachstumsideologie, sonst ist die Klimakatastrophe endgültig unumkehrbar!" oder: "Sorgt endlich für menschenwürdigen Lebensverhältnisse für alle!", sondern: "Ich zähle jetzt bis 40 - und dann ist der Ofen aus!"

Auf seine ganz spezielle Weise scheint der Künder des Gotteswortes von der Wahrheit jenes Wortes überzeugt, das Martin Buber geprägt hat: "Die große Schuld des Menschen ist, daß er in jedem Augenblick die Umkehr tun kann und nicht tut."

In Jonas Worten wird Gottes ausgestreckte Hand zu einer drohenden Faust, wird seine Kritik zu einem Todes-Urteil. Statt einen letzten kleinen Handlungsspielraum aufzuzeigen, weist Jona nur noch auf die unausweichlich negativen Folgen einer verkehrten Lebensorientierung.

Er sieht die götzendienerischen Ausländer ihren Geschäften nachgehen, sieht sie über Leichen gehen wie gewohnt, um ihre hübschen Profite zu erwirtschaften, er sieht DEAD MEN WALKING - wie man in den USA sarkastisch die Insassen der Todeszellen auf dem Weg zur Hinrichtung nennt.

Und was machen diese Leute, denen auf den Kopf zu gesagt wird: Ihr seid im Grunde schon tot?

☞ Wider alles Erwarten setzen sie ihr Vertrauen auf Gott. Vor den ungläubigen Augen des Todesboten kehren sie um zum Leben, das sie sich davon versprechen, daß sie Gott Respekt zollen.

☞ Ein weiteres Mal hat Jona das Gegenteil dessen bewirkt, was er eigentlich bezweckte! Wieder hat sein Mund Gottes Macht verkündet und eine Wirkung erzielt, die der Sprecher ganz und gar nicht beabsichtigt hatte:

Schon im ersten Kapitel hatte Jona ein Glaubensbekenntnis abgelegt, wo es ihm mitnichten um Mission ging. Er hatte dort nur erklären wollen, weshalb er sich so sicher war, den Grund für den Hurrikan zu kennen: Weil nämlich Gott hinter ihm her war, dem er zu entrinnen getrachtet hatte.

Doch das war nun mal nicht möglich, wenn es sich dabei um die "Gottheit des Himmels, die das Meer und das Trockene gemacht hat" handelt.

☛ Und hier nun folgt seinen lapidaren Worten nicht weniger als die völlige Umkehr aller Werte und Verhältnisse in Ninive alias BABYLON alias ROM alias BERLIN alias NEW YORK:

"Stell dir vor, es ist Weltwirtschaftkrise und die Banker verzichten auf ihre Boni, weil sie einsehen, daß sie sie nicht verdient haben, und sorgen statt dessen dafür, daß jeder Arbeit und satt zu essen hat..."

"Stell dir vor, die Politiker übertrumpfen sich auf Wahlplakaten und in Werbespots nicht in Versprechungen, sondern ziehen ehrlich Bilanz ihrer geleisteten Arbeit, schielen nicht auf Umfragewerte, sondern haben tatsächlich das Gemeinwohl im Sinn..."

"Stell dir vor..."

☛ Und das passiert dann auf einmal wirklich!

Die Niniviten haben anscheinend begriffen, was die Stunde geschlagen hat: Vom König über das normale Volk bis hin zum Viechzeug kehrt alles um zu Gott - sie zeigen Reue, sie signalisieren, daß sie bereit sind, die Regeln ihres Tuns von Gott bestimmen zu lassen, statt alles allein entscheiden und stets zu ihren Gunsten beeinflussen zu wollen.

- Sollte das denn tatsächlich ein Ärgernis sein, nur weil Vorurteile sich als falsch erweisen?
- Sollte das in Wahrheit mehr neue Probleme aufwerfen als alte lösen?
- Sollte das wirklich keine Wende zum Besseren sein?!

Lieber Jona, auch wenn du es nicht aushältst, als Phrasendrescher dazustehen, dessen Drohung verhallt, weil Taube auf einmal zuhören, weil Kopflose plötzlich nachdenken und Halunken radikale Konsequenzen ziehen - Gott kommt nicht umhin, sich darüber zu freuen, daß die Verlorengeglaubten sich wieder finden lassen, daß die schon für tot Gehaltenen sich doch noch für das Leben entscheiden!

Gott bereut das Unheil, das er angekündigt hatte. Das heißt: nicht daß er es angekündigt hat, bereut er, sondern es tut ihm leid, daß er erst so drastisch hatte werden müssen, das Ende anzudrohen. Denn das will er nicht in die Tat umsetzen. Vielmehr hat er Mitleid mit diesen Menschen, die ihm so am Herzen liegen wie das ungezogene Kind einer Mutter, die schon so oft geschimpft, gedroht, geohrfeigt hat und bald nicht mehr weiß, mit welchen Mitteln es den Sprößling schließlich zur Räson bringen kann.

Aber noch einmal die Sintflut? - Das kommt für Gott nicht infrage!

Nie mehr soll es das geben: Völlige Vernichtung und ein neuer "Versuchsaufbau", damit es endlich besser klappt mit der Kommunikation zwischen dem Schöpfer und seinen Geschöpfen!

Aber was dann?

Welchen Trumpf hat Gott noch im Ärmel, welche Pädagogik erzielt den erwünschten Erfolg?

- Ein Kapitel bleibt noch, bis wir den Ausgang des Jona-Projektes erfahren.

11. Sonntag n. Trinitatis, 23. August 2009

Liebe Schwestern und Brüder,

sind wir wie die Niniviten - ein Volk, das nicht rechts und links zu unterscheiden weiß?

Zumindest kann man diesen Eindruck gewinnen, wenn man sich anschaut, wie mühselig und lustlos sich der Bundestagswahlkampf dahin schleppt - wohl auch, weil das Publikum Machtalternativen vermißt, denn die meisten Politikangebote tummeln sich in der Mitte, wo die Parteistrategen die Mehrheit wähnen.

Wie anders war das doch damals in der Studentengemeinde der FU, in deren Räumen ein Plakat hing mit Versen von Ernst Jandl - Überschrift: "Lichtung"!

manche meinen

lechts und rinks

kann man nicht velwechsern

werch ein illtum

Aber da haben wir es erneut- das immer wiederkehrende Problem: die einen leben in den Tag hinein und genießen [außer in der S-Bahn] das Leben in vollen Zügen, die anderen achten auf ihre ethischen Prinzipien und werden sauertöpfisch vor lauter Pflichterfüllung!

Ist es nicht ermüdend, seine Energie darauf zu verwenden, anderen Menschen ihre Verfehlungen vorzuhalten oder gar ihnen ständig vorleben zu wollen, wie man es besser macht - insbesondere dann, wenn die Mitmenschen gar nicht geneigt sind, davon überhaupt auch nur Notiz zu nehmen?

Und umgekehrt können diese Moralapostel einem gehörig auf die Nerven gehen: Die Masse will nun einmal lieber billig Fleisch essen als ökologisch korrekt produziertes Biogemüse, möchte weder auf Flugreisen verzichten noch die Milchbauern subventionieren; am liebsten wäre es den meisten, wenn man sie einfach in Ruhe ließe mit Risiken aus Atomenergie und Menschenrechtsdebatten - solange nur der eigene Arbeitsplatz nicht in Gefahr gerät und niemand gezwungen wird, seine Lebensgewohnheiten zu ändern...

Na ja - solchen Leuten mit ethischen Prinzipen zu kommen: das kannste getrost vergessen!

Jona jedenfalls (einer von denen, die durchaus wissen, was recht ist und was unrecht) hat die Schnauze voll, schon ehe er seinen Mund auftut - nun setzt er sich in seinen Schmollwinkel und wartet ab, was weiter geschieht. Wir hören uns das an und schlagen das vierte - das letzte - Kapitel des Jonabüchleins auf:

Das mißfiel Jona sehr und er entbrannte. Er warf sich vor ADONAJ hin und sagte: »Ach! ADONAJ! Waren das nicht meine Gedanken, als ich noch in meiner Heimat war? Genau deshalb wollte ich nach Tarschischfliehen, denn ich wußte, daß du ein gnädiger und barmherziger Gott bist, mit langem Atem und reich an Freundlichkeit. Du überlegst es dir wegen des Unheils noch einmal anders. Jetzt ADONAJ – nimm mein Leben von mir, denn ich ziehe meinen Tod meinem Leben vor.«

ADONAJ, wörtlich: MEIN HERR, oder DER EWIGE oder DIE EINE - oder wie auch immer man Gott nennen mag - hat zuletzt die Erwartungen Jonas erfüllt und zu dessen Verdruß als pädagogische Maßnahme an den Niniviten Vergebung praktiziert.

Das kann man durchaus kritisch befragen, denken wir an die immer wieder mal aufflammende Diskussion über das Jugendstrafrecht: Die einen fordern eine konsequente Bestrafung, schon um der Abschreckung willen, die anderen weisen auf die fatalen Folgen des Gefängnismilieus hin und treten für sozialtherapeutische Maßnahmen ein.

Aus der Opferperspektive gesehen, ist das nordamerikanische System, das auf Rache, auf Drill, auf Umerziehung ausgerichtet ist, vielleicht sympathischer: die Schaden angerichtet haben, sollen büßen, sollen am eigenen Leibe spüren, wie sich das anfühlt, wenn einem weh getan wird! Mit Blick auf die enorme Rückfallquote erweist sich diese Methode jedoch als überaus problematisch.

Steht der Delinquent als Mensch im Mittelpunkt - so wie das die Bibel durchgängig lehrt -, dann muß (so schwer es auch fallen mag) das Auge-um-Auge,-Zahn-um-Zahn-Denken überwunden werden, damit der Teufelskreis aus Schuld und Strafe und Frustration und neuerlichem Vergehen durchbrochen wird.

Genau das hatte Jona auch erwartet. Offenbar kannte er Gottes Vorgehensweise recht genau, wußte, daß ADONAJ Gnade vor Recht ergehen läßt, insbesondere dann, wenn er ernsthafte Anzeichen einer wahrhaftigen Umkehr entdeckt.

Und wieder - haben Sie's gemerkt? - *rutscht* dem Propheten ganz gegen seine Intention ein Bekenntnis *heraus*, diesmal noch großartiger und umfassender als zuvor: Ich wußte, daß du ein gnädiger und barmherziger Gott bist, mit langem Atem und reich an Freundlichkeit. Du überlegst es dir wegen des Unheils noch einmal anders.

Liebe Schwestern und Brüder, wann ist Ihnen zuletzt ein derartiges Bekenntnis über die Lippen gekommen? - Ich vermute, da müssen wir ein Weilchen nachdenken.

> Eine solche Laudatio nun aber auch noch als Ausdruck des Vorwurfs - Jona ist ja nicht etwa begeistert, wie wundervoll gnädig Gott ist, sondern verbittert über diesen - wie er es sieht - harmoniesüchtigen Schwamm-drüber-Gott?

Wenn aber Gott nach Jonas Geschmack zu gnädig ist, indem er den reuigen Sündern vergibt - ***wer*** dürfte noch auf Gottes Güte hoffen? Wer - außer Jona selbst - hätte dann überhaupt noch ein Recht weiterzuleben?

> - Und gerade er, der nach eigenem Urteil Tadellose, will lieber tot sein als unter diesen Bedingungen zu existieren. Er fühlt sich durch die Verschonung der Frevler derart gestraft, daß er es nicht ertragen mag, dies mitzuerleben.

Jetzt erst, liebe Geschwister, beginnt *die eigentliche pädagogische Arbeit Gottes*, die sich nämlich mehr an Jona und sein Volk richtet denn an die Fremden; auch uns erreicht und betrifft sie erst im Nachhinein:

ADONAJ sprach: »Ist es gerechtfertigt, daß du entbrannt bist?«

Jona antwortet nonverbal, indem er sich trollt:

Jona ging hinaus aus der Stadt, er ließ sich östlich der Stadt nieder, machte sich dort eine Laubhütte und setzte sich unter ihr in den Schatten, bis daß er sähe, was in der Stadt geschehen würde.

Man kann auch anders wohnen als in einer Laubhütte, nicht wahr? Aber während der großen religiösen Feste - Sukkot und Ssimchat Thora - pflegt man dies eben zu tun. Ich vermute hier einen ironischen Seitenhieb auf die allzu Frommen, die ihre religiösen Pflichten gewissen haft erfüllen, denen aber die Rituale den Blick auf Menschliches verstellen - so wie wir das auch in der Auseinandersetzung zwischen Jesus und den traditionellen Gesetzesanhängern des öfteren antreffen.

Jona nimmt eine Position jenseits des Geschehens ein, von dem er immer noch die leise Hoffnung hat, daß es der Untergang der Gottlosen sei - so wie manch lächelnder Weltuntergangskünder heute auf mich den Eindruck macht, all die Schrecknisse der Apokalypse, mit denen er lustvoll droht, beträfen irgendwen anders, nicht aber ihn und seine ohnehin schon leidenden Mitmenschen, mögen sie auch noch so tadelnswert leben und jeder moralischen Qualität entbehren...

Doch wie in einem modernen Theaterstück wird plötzlich der Zuschauerraum zur Bühne - nicht mehr Ninive, sondern JONA steht im Zentrum der Erzählung, *gerade weil* er sich heraushalten will. Nun soll er zu spüren bekommen, was Gott zu schaffen macht:

Da bestimmte ADONAJ, die Gottheit, einen Strauch, eine Rizinuspflanze. Der wuchs über Jona, um seinem Kopf Schatten zu spenden, um ihn aus seinem Mißmut herauszureißen. Jona freute sich sehr über den Strauch.

Gott auf der Seite des Voyeurs, der sich in seinem bequemen Sessel zurücklehnen und genießen will, wie die Strafe vollzogen wird an den Bösewichtern - so wie man in den USA als Angehörige von Mordopfern der Hinrichtung des Straftäters beiwohnen darf? Live-Show mit Air-Condition also?

- Denkste!!! Gott will nur den Spannungsbogen erhöhen:

Doch die Gottheit bestimmte einen Wurm, der, als die Morgenröte am folgenden Tag aufstieg, den Strauch stach, so daß er verwelkte.

> Biblisch Bewanderte erinnert der Wurm womöglich an eine andere Geschichte: Als das wandernde Gottesvolk in der Wüste murrte, gab Gott Manna, damit sie am Leben blieben - jedoch immer nur soviel, wie man auf einmal essen konnte. Und wer mehr sammelte, weil er den Hals nicht voll

kriegt, der bekam es - ***genau!*** - mit den Würmern zu tun, die in der Nacht dafür sorgten, daß der Ertrag des Vortags zunichte wurde; außer am Sabbat.

“Wie gewonnen, so zerronnen”, sagt unser Sprichwort. Doch damit nicht genug: Weil wir erst dann zu schätzen wissen, was wir haben, wenn wir es entbehren müssen, sorgt Gott dafür, daß Jona den Schattenspender sehnsüchtig vermißt:

Und als die Sonne aufging, bestimmte Gott einen heißen Ostwind. Die Sonne brannte auf Jonas Kopf, so daß ihm schummrig wurde und er sich wünschte, daß seine Lebenskraft ersterbe. Er sagte: »Mein Tod wäre besser als mein Leben.«

Darauf sagte Gott zu Jona: »Ist es gerechtfertigt, daß du wegen des Strauches entbrannt bist?« Jona erwiderte: »Ja! Es ist gerechtfertigt, daß ich bis auf den Tod entbrannt bin.«

Jetzt, liebe Gemeinde, hat Gott Jona da, wo er ihn haben will: Trotzig wie ein Kleinkind beharrt der Rechthaber darauf, daß seine Perspektive das Maß aller Dinge sei.

Einerseits - wenn wir ehrlich sind - nachvollziehbar, denn das Verlangen nach ausgleichender Gerechtigkeit ist zutiefst menschlich, ohne diese funktioniert kein Rechtssystem und es herrscht bald das Gesetz des Urwaldes bzw. des ungeregelten Marktes.

Andererseits aber muß doch zugleich die Selbstgerechtigkeit Jonas angefragt, muß er gefragt werden: Weil es **dir** sauer aufstößt, die Übeltäter davonkommen zu sehen, soll Gott seinen Schmerz darüber bezähmen, Menschen, die er ins Leben rief, ins Verderben zu stürzen?!

> - Lieber Jona, niemand erwartet von dir Mitleid mit den Niniviten. Aber daß du lieber Gott leiden siehst als ihm zuzugestehen, barmherzig zu sein, das ist doch wohl auch nicht dein Ernst! (So auch Gottes eigene Reaktion:)

ADONAJ sprach zu Jona: »Dich bekümmert der Strauch, mit dem du keine Mühe hattest und den du nicht großgezogen hast, der innerhalb einer Nacht entstand und innerhalb einer Nacht zugrunde ging. Ich jedoch – sollte ich nicht bekümmert sein wegen Ninive, der riesigen Stadt, in der es mehr als 120000 Menschen gibt, die nicht zwischen rechts und links zu unterscheiden vermögen, und außerdem viel Vieh?«

Mit diesen Worten, liebe Geschwister, endet das Jonabüchlein.

Man könnte versucht sein zu sagen: Unbefriedigenderweise mit einem offenen Ende.

Aber wir sollten in der Lage sein, dieser Versuchung zu widerstehen und zu sehen, daß diesem Votum Gottes nicht zu widersprechen ist - und zwar nicht nur, weil die Gegenüberstellung eines einzigen Rizinusstrauchs und 120000 Einwohnern von Ninive so maßlos ist, daß sich schon von daher Widerworte erübrigen, sondern auch - *und vor allem* - deshalb, weil Gott es nicht dabei belassen hat, die Niniviten zu verschonen, die bereits zur Zeit der Entstehung des Jonabuches nur historische Reminiszenz gewesen sind.

Vielmehr gilt nicht nur hier, sondern durchgängig in der Heiligen Schrift: *Gott will nicht den Tod des Sünders, sondern daß er sich bekehre von seinen falschen Wegen und am Leben bleibe.* [Ez. 18_{23}]

Das war unserem Herrn Jesus Christus um unseretwillen sein Leben wert.

AMEN.

13. So. n. Trinitatis, 5. September 2004

Liebe Schwestern und Brüder!

Worauf kommt es an im Leben eines frommen Menschen?

Der Schriftgelehrte, der sich an Jesus um eine Antwort wendet, möchte sich vergewissern, daß er auf dem rechten Weg ist.

Wie aus dessen Antwort, so kann man auch aus den Zeilen des 1. Johannesbriefes heraushören, daß es auf das "Tun der Liebe" ankommt.

Das wird zwar - wie ich mich am Mittwoch beim Pfarrkonvent vergewissern konnte - bei manchen Protestanten ungern gehört, aber ich bekenne mich, wenn es denn sein soll, gerne zu jener *Form von Gesetzlichkeit*, die in den einmal gegebenen Weisungen Gottes seinen bleibend gültigen Willen erkennt, von dem auch Jesus selbst nicht ein Jota wegnehmen, sondern alles erfüllen wollte.

Deswegen freue ich mich auch, wenn es mir - wie in den Gesprächen zur Vorbereitung der diesjährigen Zehlendorfer Ökumenischen Bibelwoche - gelingt, die Amtsbrüder von dem Motto zu überzeugen, das nun lauten soll Tu das, so wirst du leben!. Das wird uns in der Woche ab dem 20. September in der Pauluskirche hoffentlich gemeinsam beschäftigen.

Heute schlage ich die Bibel weiter vorne auf, beim Propheten Sacharja, der ja durchaus nicht nur im Advent Bemerkenswertes zu sagen hat:

So spricht der Herr, der Herrscher der Welt: *Richtet gerecht und erweist einander Liebe und Erbarmen; unterdrückt nicht Witwen und Waisen, Fremde und Arme, und heckt nicht immer neue Pläne aus, um einander zu schaden! Ihr seid doch alle Brüder und Schwestern!*

Aber sie wollten nicht darauf hören, sie stellten sich taub und waren unwillig wie ein störrischer Esel. Sie machten ihre Herzen so hart wie ein Diamant und weigerten sich, auf die Worte und Weisungen zu hören, die ich, der Herrscher der Welt, ihnen durch meinen Geist - durch den Mund der früheren Propheten - sagen ließ. Deshalb traf sie mein Zorn mit voller Wucht. Es kam, wie es kommen mußte: Sie hörten nicht, als ich rief, darum hörte auch ich nicht, als sie in der Not zu mir riefen. Ich zerstreute sie unter ferne Völker, von denen sie vorher nichts wußten, und ließ das Land hinter ihnen öde und menschenleer liegen. Sie selbst sind es, die das schöne Land zu einer Wüste gemacht haben.

Das Land liegt am Boden, liebe Schwestern und Brüder.

Und wer hat Schuld an dieser Misere? Nach Gottes Wort ist es niemand anders als das Volk selbst, jene Menschen, die hätten wissen können, was zu tun war, und es doch nicht getan haben.

Man kann es auch so ausdrücken: Die Lieblosigkeit der Leute hat das Land zugrunde gerichtet - soziale Kälte hat die Gesellschaft gespalten in Absahner, die einzig an ihren Gewinnen interessiert sind, und Verlierer, die zunehmend als Belastung, als Last gesehen werden - und das sind nicht nur die oft ungeliebten Ausländer, sondern unter der Hand auch die Alleinerziehenden, die Sozialhilfeempfänger, alte Menschen und immer mehr Kinder. Und dabei war "Hartz IV" damals nun wirklich noch gänzlich unbekannt...

Fast wie ein Hirtenwort zu den Wahlen lesen sich die Worte des Proheten Sacharja - so alt und leider doch auch so aktuell.

Aber natürlich steht dort nichts davon, wo man sein Kreuzchen machen muß, damit unsere Probleme - wenn sie schon nicht aus der Welt zu schaffen sind, so doch mindestens - gemildert werden.

Die Ermahnung des Gottesboten delegiert die Verantwortung nicht an Fachleute, an gewählte Vertreter, die in die Tat umzusetzen hätten, was unser aller Aufgabe eigentlich ist. Bei aller Qual der Wahl, vor der wir in Brandenburg bald wieder stehen: So leicht macht es uns Gott nicht!

Gott spricht uns direkt auf unsere Verantwortung für den jeweils anderen in seiner Bedürftigkeit an: *Erweist einander Liebe und Erbarmen!*

Eine alte ostjüdische Legende erzählt:

Ein Bauer saß mit einem anderen Bauern in einer Schänke und trank. Lange schwieg er, wie die andern alle. Als aber sein Herz vom Wein bewegt war, sprach er seinen Nachbarn an: *Sag: Liebst du mich oder liebst du mich nicht?* Jener antwortete: *Ich liebe dich sehr.* Aber er sprach wieder: *Du sagst, ich liebe dich, und weißt doch nicht, was mir fehlt. Liebtest du mich in Wahrheit, du würdest es wissen.* Der andere vermochte kein Wort zu sagen, und auch der Bauer, der gefragt hatte, schwieg wieder wie zuvor. Ich aber verstand: Das ist die Liebe zu den Menschen, ihr Bedürfnis zu spüren und ihr Leid zu tragen.

Ich vermute, Sie kennen solche Momente - man kann sagen: "Augenblicke der Sentimentalität", man kann aber auch sagen: "ein Aufflackern von Wahrhaftigkeit" -, in denen das, was wir im Innern an Lebendigkeit und Leidensfähigkeit uns bewahrt haben, aber einsperren mußten, um es vor der rauhen Wirklichkeit und den gemachten schlechten Erfahrungen in einem langen Leben zu schützen, wo dies hervorbricht und man einfach losheulen möchte, weil die Welt - unsere kleine persönliche Welt so wenig wie die große weite Welt - alles andere als so ist, daß wir sie ertragen könnten.

Weihnachten und der Jahreswechsel sind solche sensiblen Zeiten, wo auch ohne Alkohol Gefühle freigelegt werden, die dann allenfalls im Nebel von Alkohol und Drogen erstickt werden, wenn das Freikaufen mit einer Spende für die Ärmsten nicht den gewünschten Entlastungseffekt gebracht hat.

Warum zieht der Schaar heute solche Register, fragt sich vielleicht mancher von Ihnen etwas verwundert; oder anders formuliert: womit haben wir das verdient?

Ich will es Ihnen sagen: Wir betrügen nicht nur uns selbst, wenn wir **Liebe** zu einem persönlichen Gefühl der Ergriffenheit degradieren, das man - mit etwas Übung, etwas Lebenserfahrung - schon in den Griff bekommt, ohne daß sie einen übermannt.

Bei dieser Art Bibellektüre werden Gottes besondere Schützlinge - die Witwen und Waisen, die Fremden und Armen - für immer Objekte bleiben: *Objekte* jener auf gelegentlichen Gefühlswallungen beruhenden Zuwendung, nachdem sie zuvor auch schon Objekte gewesen sind einer Ellenbogenstrategie, aufgrund derer sie überhaupt erst zu Bedürftigen, Bittstellern und Bettlern wurden.

Heckt nicht immer neue Pläne aus, um einander zu schaden - das ist doch so ziemlich das Gegenteil von dem, was man uns als angeblich alternativloses Programm für die Zukunftsfähigkeit unseres Landes zumutet. Von Montagsdemonstranten ausgebuht, von Globalisierungskritikern angeprangert, fürchten die Vertreter der demokratischen Parteien ein Erstarken radikaler Kräfte, aber sie überbieten sich dennoch gegenseitig mit Vorschlägen, wie man für die ohnehin verzagten Arbeitslosen noch mehr Leidensdruck erzeugen kann, damit die endlich bereit sind, jede Arbeit anzunehmen - Arbeit, die es jedoch in den meisten Fällen gar nicht gibt, egal, wie weit man die Lohnspirale herunterschraubt.

Heckt nicht immer neue Pläne aus, um einander zu schaden. So wird das natürlich nicht genannt. Vielmehr wird gesagt, daß jetzt viele bereit sein müssen, Opfer zu bringen, damit es am Ende allen besser geht. Nur daß dabei gern übersehen wird, daß seit Jahren schon die Reichen immer reicher, die Armen hingegen nicht nur ärmer, sondern auch zahlreicher werden.

Liebe Gemeinde, die Bibel stößt uns auf Schritt und Tritt darauf, daß - damals nicht anders als heute - Chancen sehr ungleich verteilt sind, während es unbestreitbar Grundbedürfnisse der Menschen gibt, die um Gottes und der Menschen willen ohne WENN und ABER an erster Stelle zu stehen haben!

Sie machten ihre Herzen so hart wie ein Diamant und weigerten sich, auf meine Worte und Weisungen zu hören. Deshalb traf sie mein Zorn mit voller Wucht. Es kam, wie es kommen mußte...

Und nun werden hektisch Lösungen gesucht: Separate Versicherung der zahnärztlichen Versorgung - oder lieber doch nicht? Bürgerversicherung? Kopfprämie? Mindestlohn?

Was **nicht** zur Disposition steht, ist ein SYSTEM, in dem längst nicht mehr die gewählten Volksvertreter Entscheidungen zu treffen haben über wirtschaftliches und soziales Wohlergehen, sondern die SHAREHOLDER, die das Wort **Liebe** nicht kennen - es sei denn als romantische Vokabel, oder aber, wenn sie mit sich ganz ehrlich sind, als Selbstliebe, deren Entsprechung nicht *Gottes*liebe, sondern Götzendienst ist, Anbetung jenes Kalbes, das für Aufschwung steht.

Liebe Schwestern und Brüder, wie so oft, rät die Kirche zur Besonnenheit im Hinblick auf die bevorstehenden Landtagswahlen - Generalsuperintendent Passauer hat uns das am Mittwoch vorgestellt. Auch wenn das in Berlin nicht auf der Tagesordnung steht - wir beobachten das mit hoffentlich großem Interesse, nicht nur, weil Rechtsradikale und Altgenossen unsere Demokratie blamieren könnten, sondern auch, weil allenthalben eine Richtungsentscheidung erwartet wird, die Auswirkungen auch auf die Politik im Bund haben wird. Seien wir also besonnen, lassen wir uns nicht von Gefühlswallungen überwältigen, sondern überlegen wir in Ruhe, *was wohl Jesus dazu gesagt hätte?*

Ich lese in meiner Bibel: ER hat die Prophetenworte - in sehr eigenständiger Formulierung - gebraucht, um seinen Jüngern - also auch uns - Orientierung zu geben für das, worauf es für einen frommen Menschen in solchen Entscheidungen ankommt.

Gebetsmühlenartig wiederholt die Heilige Schrift, daß die Bedürfnisse der Armen und Alten, der Kinder und der Fremden nicht vergessen werden dürfen.

Dagegen argumentieren etliche Politiker, "die Wirtschaft" (wer immer das im einzelnen sein mag) müsse sich erst erholen, dann werde es den Menschen wieder besser gehen; *denselben Menschen* übrigens, von denen zuvor Opfer verlangt werden: Sie sollen flexibler sein, d.h. auf ein bißchen Familienleben verzichten für einen Job. Und sie sollen bescheidener werden, sich künftig mit weniger Rente und gekürzten Arbeitslosenhilfesätzen zufrieden geben; lediglich den - wie es heißt: - "Leistungsbereiten" will man einen Zuwachs bescheren durch niedrigere Steuern auf hohe Einkommen und andere Anreize mehr.

Klagen tun immer nur die Betroffenen, die Benachteiligten. Und es scheint, als klagten immer nur einzelne - selbst wo sie sich zu größeren Gruppen versammelt haben und lautstark rufen; denn einig sind sie sich nur in ihrem NEIN - aber eine Alternative wissen auch sie nicht zu benennen.

Ist es wirklich wahr: *Der Herr hört nicht mehr auf* uns, *weil wir uns nicht um seinen Willen geschert haben?*

Ich meine, hier haben wir doch noch Grund zur Hoffnung. Gott hat sich immer wieder als einer erwiesen, der *sein Herz* **nicht** *hart macht wie ein Diamant*, sondern der Liebe und Erbarmen erweist an denen, die ihn lieben und um Erbarmen bitten.

Aber mit seinem Liebesbeweis in Jesus Christus hat Gott nur desto deutlicher bekräftigt, daß seine Liebe den Armen gilt, daß sein Erbarmen den Schwachen gehört, daß seine Gnade über denen waltet, denen Recht vorenthalten wird.

Wenn denn Sacharjas düstere Drohungen Gottes letztes Wort nicht waren, dann wartet er noch immer darauf, daß wir Antwort geben auf sein menschgewordenes Wort der Menschenliebe, auf jene ganz unsentimentale Art und Weise, ihm zu zeigen, daß wir uns seiner Liebe dankbar erweisen, nämlich: den Nächsten in seiner konkreten Not, die wir oft genug mit ihm teilen müssen, zum Ausgangspunkt zu machen für unser Handeln und für die Entscheidungen, vor denen wir stehen.

Richtet gerecht und erweist einander Liebe und Erbarmen; ihr seid doch alle Brüder und Schwestern!

AMEN.

1. Advent, 29. November 1998

Liebe Schwestern und Brüder,

eine düstere Zeit ist angebrochen; die trüben Tage drücken nicht nur aufs Gemüt.

In dieser Zeit, da - jenseits unserer gut geheizten Wohnungen und unserer temperierten Kirche - die Kälte sogar Menschenleben kostet bei unseren östlichen Nachbarn, entzünden wir in alter Tradition die Adventskerzen - als winzig kleine Zeichen der Wärme und Hoffnung inmitten und entgegen aller Finsternis und Kälte.

Und alle Jahre wieder hören wir die Worte der Verkündigung, daß es hell werden soll und hell werden wird in unserem Leben, daß mitten in der Nacht der neue Tag anbricht, der Tag Gottes:

Frohlocke laut, Tochter Zion! Jauchze, Tochter Jerusalem! Siehe, dein König kommt zu dir; gerecht und siegreich ist er. Demütig ist er und reitet auf einem Esel, auf dem Füllen einer Eselin. Er wird die Streitwagen ausrotten aus Ephraim und die Rosse aus Jerusalem; ausgerottet werden auch die Kriegsbogen. Er schafft den Völkern Frieden durch seinen Spruch, und seine Herrschaft reicht von Meer zu Meer, vom Euphrat bis an die Enden der Erde.

Wenn auch den Worten des Propheten zufolge das Königreich Gottes nahe herbei gekommen ist, liebe Gemeinde - wie es scheint, leben wir in einem Land, in dem nicht Gottes Wille gilt, weil und solange jeder nur seine eigenen Vorstellungen verwirklicht sehen will, und sei es um den Preis von Hunger, Flucht, Verzweiflung.

Doch *siehe, dein König kommt zu dir...*

Ist das, was Sacharja hier schildert, denn nun eigentlich Bericht oder Vision?

Da, wo vom Einzug in Jerusalem berichtet wird - wir hörten es eben in der Evangeliumslesung -, ist die Zeit der Freude ja nur kurz, denn schon bald schlägt die Begeisterung für Jesus um in Enttäuschung, der Triumphzug wird zum Kreuzweg.

Jetzt aber, lange Zeit zuvor in einer bedrohlichen Situation - fremde Könige stehen vor der Stadt -, da soll Jerusalem in sich gehen, sich auf das besinnen, was es unterscheidet von all diesen anderen Reichen: *Dein König kommt* - halte fest an dieser Verheißung und an deiner Hoffnung, mehr noch: *freue dich!*

In den Gott-sei-Dank lange vergangenen Zeiten des Kalten Krieges gab es bei den Friedensbewegten die Vision: STELL DIR VOR, ES IST KRIEG, UND NIEMAND GEHT HIN...

Damals im Jerusalem des heißen Krieges - und warum nicht auch an anderen Orten und zu anderen Zeiten, in denen Krieg mörderische Realität ist? - hatte man die gleiche Vision, positiv ausgedrückt: STELL DIR VOR, ES IST FRIEDEN, UND ALLE MACHEN MIT! Stell dir vor: GERECHTIGKEIT herrscht für jedermann...

Das war bestimmt damals so schwer vorzustellen wie heute, nichtsdestoweniger aber Anlaß für fromme Phantasie, sich das Leben in Gerechtigkeit und Frieden auszumalen unter der Herrschaft GOTTES.

Wenn wir, liebe Geschwister, vor lauter als "Realismus" ausgegebener Resignation heute nichts mehr wissen wollten von jener Menschensehnsucht und Gottesverheißung, dann brauchten wir das dicke alte Buch gar nicht erst aufzuschlagen; aber wir sind hier zusammengekommen, um daraus zu lernen - auch zu lernen, wieder hoffnungsvoll auf diese Welt zu sehen und im Dunkel Licht zu erblicken.

Deshalb nochmals: *Freue dich, Zion, Jerusalem, jauchze! Siehe, dein König kommt zu dir.*

Der da kommt, ist keiner von denen, die "an die Macht wollen", die in ihrer Rüstung einher ziehen, einander bekämpfend, Stärke demonstrierend.

Er ist keiner von denen, die sich bejubeln lassen auf Banketten oder bei dem berühmten "Bad in der Menge".

Nicht "lang lebe der König", wird da gerufen, nicht "hurra", sondern "hosianna" - das aber heißt nicht: "Heil dir!", sondern "So-hilf-uns-doch!"

Zions König ist keiner von denen, die wir heute unter anderer Bezeichnung kennen: als Parlamentarier und Lobbyisten, als Experten und Aufsichtsratsvorsitzende.

Sondern ER ist es, den Gott schickt zu unserer Hilfe: Retter in der Not, ja, aber gerade nicht der "starke Mann", nachdem immer wieder gerufen wird, damit wir nicht ins vermeintliche Chaos sinken; Gott, der aus dem Chaos Ordnung schuf, der wird sein Schöpferwerk nicht widerrufen.

Nein, er gibt sein Volk nicht preis, fremden Königen und selbsternanten Rettern nicht und auch nicht dem allgemeinen Durcheinander, er überläßt uns auch nicht der Hoffnungslosigkeit - *siehe, dein König kommt!*

Er wird die Streitwagen ausrotten aus Ephraim und die Rosse aus Jerusalem; ausgerottet werden auch die Kriegsbogen. Er schafft den Völkern Frieden durch seinen Spruch, und seine Herrschaft reicht von Meer zu Meer, vom Euphrat bis an die Enden der Erde.

Endlich einer, der Schluß macht mit internationalem Drogenhandel und Waffenschiebereien. Endlich einer, der die Debatte um Steuergerechtigkeit oder Einwanderungspolitik entschärft!

Ja, auf diesen König warten wir, diesem König folgen wir gern - wenn er doch nur käme!

Aber - so weit man auch blickt - was Sacharja verheißen hat, ist nicht in Sicht:

Für Sacharjas Zeitgenossen nicht, für Jesu Mitmenschen nicht, für uns nicht.

Unseren Blicken entzogen, unkenntlich, weil ihm alle Attribute von Macht fehlen, weil er sich gerade auch den in unseren Augen legitimsten Forderungen entzieht, keinen Rachefeldzug antritt, sondern im Büßergewand erscheint, wie ein Geschlagener - so ist dieser König.

Staatsmänner fahren im Daimler vor - selbst in Nordkorea. Siehe: dein König fährt Fahrrad, könnte man fast sagen.

Das klingt vielleicht ein wenig albern. Ich will nur auf das hinaus: Worum es hier geht, das geschah nicht nur dort und damals, sondern auch hier und heute und immer wieder will Gott uns begegnen.

Wir aber, hören wir auf sein Wort und richten unsere Aufmerksamkeit auf das Unscheinbare, Ungewöhnliche, Machtlose, dorthin, wo Herrschaft nicht ausgeübt, sondern erlitten wird?

Denn von dort und als einer von jenen Leidenden kommt unser König. - Er erhält keinen Fototermin mit dem Kanzler, ihn sehen wir nicht im Fernsehen. Und dennoch: *Frohlocke laut, Tochter Zion! Jauchze, Tochter Jerusalem! Siehe, dein König kommt zu dir; gerecht und siegreich ist er.*

Er ist da, er kommt; eine Vision, kein Hirngespinst.

Aber, liebe Schwestern und Brüder, mit dem Kleinen Prinzen von Saint-Excupèry wissen wir ja: MAN SIEHT NUR MIT DEM HERZEN GUT, DAS WESENTLICHE IST FÜR DIE AUGEN UNSICHTBAR.

Was nun?

Redet der Pastor neuerdings einer Herzensfrömmigkeit das Wort?

Ja und nein: Ob wir den König erkennen, ist in der Tat ein Frage des Herzens, des Glaubens, sogar des Glaubens gegen allen Augenschein.

Wir sind es nicht gewohnt, in großen Männern auch nur Menschen zu sehen und umgekehrt in "Menschen wie du und ich" etwas Besonderes zu erkennen.

Aber wovon das Herz einmal voll ist, davon geht dann auch der Mund über, und das wird schließlich auch zur Tat: *Jauchze, Jerusalem* - das meint ja ein weithin hörbares frohes Rufen, ein vernehmbares Bekennen: **Unser Herr ist da, auf den wir warteten!**

Zwar hält er sich abseits von den Prachtstraßen; aber in den Gassen, wo er vorbeikommt, da gibt es kein "Stillgestanden" und "Präsentiert das Gewehr", sondern Singen und Tanzen; auch Weinen natürlich, aber ebenso Menschen, die trösten.

Wenn also das, was uns Sacharja prophezeite, nicht nur Vision im Sinne einer Wunschvorstellung, sondern im Sinne auch einer neuen Sicht der Wirklichkeit, nämlich als der Wirklichkeit Gottes, gewesen sein soll, dann kommt es in zweierlei Hinsicht darauf an, ob dies auch so erkannt wird:

Siehe - dein König... Zunächst einmal gilt es, ihn auch wirklich zu sehen und zu erkennen als **unseren** König und also auch anzuerkennen als unseren **Herrn**, dem allein wir zu gehorchen sowie im Leben und im Sterben zu vertrauen haben.

Und das ist, wie schon gesagt, nicht leicht, wenn unser Blick geeicht ist auf die Attribute von Glanz und Gloria, bestenfalls noch ein Kind in der Krippe einbeziehend.

Siehe - dein König... Dieser König ist aber noch immer weitgehend unbekannt bei denen, für die er ebenso gekommen ist wie für die, die immer schon auf ihn gewartet haben.

Der schöne Schein von Weihnachten wäre Selbsttäuschung, wenn der Jubel nicht hinaus dringt bis auf die Straße, wenn unsere Kerzen nicht auch dorthin Licht tragen, wo sonst nur Dunkelheit herrscht.

Es steht nicht in *unserer* Macht, SEIN Friedenswerk zu vollbringen; *unsere* Aufgabe aber ist die, von dem zu zeugen, der den Frieden bringt, und diese Botschaft zu sagen und auch zu tun, daß Friede auf Erden werden soll, daß Friede wird, wo unser König einzieht.

Machen wir es uns nicht zu schwer mit diesem Zeugnis, so schwer, daß wir meinen, das könnten wir nicht, das müßten andere für uns erledigen!

Machen wir es uns aber auch nicht zu leicht: Nur unseren alten Bräuchen zu folgen, bringt uns noch kein Licht in dunkler Zeit.

Zu erzählen wäre jetzt von der Bewahrung des Glaubens bedrohlichen Zeiten, die die Älteren unter uns ja durchlebt und durchlitten haben, und auch vom Aufrechterhalten unserer Hoffnung.

Zu erzählen (und auch dazu dient eine Gemeindeversammlung) wäre jetzt aus dem Alltag derer, an denen er vorbeigezogen ist, die wenigstens einen kurzen Blick erhaschen konnten und nun ihre Vorstellung haben von dem, worauf es ankommt, wenn er kommt.

Siehe dein König kommt zu dir - ist doch schon gekommen, und wir leben in SEINEM, Jesu, Reich.

Und das müßte doch eigentlich zu spüren sein, weithin bemerkbar - nicht nur bei denen, die sich in SEINEM Namen versammelt haben!

Ja, aber uns ist deswegen trotzdem nicht immer zum Jubeln zumute. Immer noch, immer wieder müssen wir auch den Hilferuf ausstoßen: *Hosianna! Hilf uns doch!*

Vielleicht sind ja auch Sacharjas Worte eher trotzig denn triumphierend gesprochen.

Der da kommt, unser König, hat Würde - aber wie einer, der aufrecht, weil unschuldig, vor den Henker tritt.

Der da kommt, hat geradezu majestätische Ausstrahlung; die aber kommt von Liebe und Wärme, die er verbreitet.

Dieser König gewinnt Menschen nicht durch Versprechungen, sondern dadurch, daß er Gottes Verheißungen erfüllt.

Ich bin mir ziemlich sicher, liebe Schwestern und Brüder: Wenn wir einander mitnehmen auf den Weg zu unserem König, und wenn wir tun, was SEINEM Empfang gebührt, dann wird es sich herumsprechen - unter uns und um uns herum: **Siehe, unser König** - er ist hier.

AMEN.

Pfingstsonntag, 3. Juni 2001

Liebe Gemeinde,

wir feiern das Pfingstfest getreulich nach dem christlichen Festkalender, der wiederum - was vielen längst nicht mehr bewußt ist - dem jüdischen Festkalender folgt. „Pfingsten“ - ursprünglich griechisch: pentekoste - bezeichnet den Tag nach Ablauf einer Frist von fünfzig Tagen; das Wochenfest - hebräisch: Schawuot - wurde nämlich sieben Wochen nach dem Passafest begangen.

Was sich im Jahre der Kreuzigung und Auferweckung des Herrn bei jenem Fest ereignete, davon haben wir eben erst wieder in der Lesung aus der Apostelgeschichte gehört. Aber wie ist das angemessen und greifbar umzusetzen?

Wir feiern das Pfingstfest im Gottesdienst mit Liedern und Lesungen, mit einer geschmückten Kirche und festlicher Bläsermusik - und doch gibt es - anders als bei den anderen christlichen Hauptfesten - keine weltliche Entsprechung, kein landläufiges Brauchtum, das in einer noch so fernen Form illustriert, worauf es den Christenmenschen ankommt, wenn sie zu Pfingsten Gottesdienste feiern.

Gewiß: Das liegt an der Sache selbst. Denn den Geist Gottes kann man nun mal nicht sehen, nicht schmecken, nicht fassen. Man kann ihn nicht riechen und kaum je hören - und wenn, dann ist es dennoch schwer zu sagen, woher er kam und wohin er ging.

Also verlagern wir den Akzent ein wenig und feiern zu Pfingsten die „Geburt“ der christlichen Kirche. Dazu paßt es natürlich hervorragend, daß auch heute wieder ein kleiner Täufling der Gemeinschaft der Heiligen durch die Taufe hinzugefügt wird.

Aber mal davon abgesehen, daß es in vieler Hinsicht bezüglich der Kirche mehr zu klagen als zu feiern gibt, geht es uns ja auch keinesfalls um besinnungslose Jubelfeiern, mit denen möglicherweise Vereine oder auch Staaten ihre Gründungsjubiläen begehen. Auch wenn den Aposteln entsprechendes unterstellt wurde - wir brauchen wahrlich kein Besäufnis mit „geistigen Getränken“, mit denen der Tag der Himmelfahrt Christi zum *Herrentag* eigener Prägung umfunktioniert wurde, um in eine geistbewegte Feierstimmung zu kommen.

Allerdings: Derselbe Geist Gottes, der Menschen einander über alle Sprachgrenzen hinweg verstehen läßt, derselbe Geist, der einen einzelnen womöglich dazu bringt, sein Leben in neuem Licht zu sehen und eine Beziehung zu Gott zu suchen, dieser selbe Geist ist es auch, der uns tiefere Einsicht in Gottes Wort und Willen schenkt - und das muß beileibe nicht immer in Freude münden, sondern kann auch zu großem Erschrecken führen; wenn einem nämlich mit einem Mal bewußt wird, daß man bislang eben diesem Wort und Willen Gottes getrotzt hat, statt sein Leben danach auszurichten.

Für den Tag, an dem Gott seinen Geist ausgießt unter den Völkern, sind so verschiedene Dinge in Aussicht gestellt wie

- in Zungen reden

- in Ekstase geraten

- tanzen

- gemeinsam Gott loben

und einiges mehr. Aber neben diesen Vorstellungen von freudiger Ergriffenheit gibt es auch sehr nachdenkliche, kritische Prophezeiungen. Ich will die auch vorhandenen negativen Bilder jetzt nicht nachzeichnen.

Aber ich möchte eine jener zahlreichen und meist überblätterten Bibelstellen aufschlagen, an denen einmal mehr von „jenem Tage“ die Rede ist, da Gott sich seinem Volk mit Macht zu erkennen gibt; ich lese aus dem Buch des Propheten Sacharja im zwölften Kapitle die Verse 9 bis 10:

Zu jener Zeit, sagt der Herr, da werde ich alle Völker vernichten, die gegen Jerusalem angerückt sind. Die Nachkommen Davids und die Bewohner Jerusalems aber werde ich mit einem reumütigen Geist erfüllen, der sie dazu treibt, mich um Erbarmen anzuflehen. Sie werden schuldbewußt zu mir aufblicken wegen des Mannes, den sie durchbohrt haben. Sie werden um ihn trauern, wie man um den einzigen Sohn trauert, sie werden weinen und klagen wie um einen Erstgeborenen.

Ich muß Ihnen gestehen, liebe Geschwister, die historischen Umstände zur Zeit des Propheten Sacharja nicht recherchiert zu haben, obwohl das sicher einiges zum genaueren Verständnis beitragen würde. Aus eben diesem Grund kann ich nicht angeben, welcher Mann im Alten Testament „der Durchbohrte“ genannt wurde - eine Person, die wirklich gelebt hat, oder eine Art idealtypischer „Knecht Gottes“, wie wir ihn auch beim Propheten Jesaja kennenlernen.

Verständlicherweise ist es für uns eine naheliegende Versuchung, den Genannten mit Jesus zu identifizieren; eine Versuchung, der wir standhalten sollten, soweit es sich um die Zeitgenossen Sacharjas handelt.

Aber wir Christenmenschen werden nun mit diesem Prophetenspruch konfrontiert und hören ihn unwillkürlich vor dem Hintergrund unserer Überlieferungen.

Und da sind „die Völker“ natürlich längst nicht mehr jene gefährliche Macht, die Gottes Volk bedroht - denn aus den Völkern sind ja wir um Christi willen selbst auch zu Gottes Volk geworden, die wir vorher gottlos und seinem Volk feind waren.

Schließlich gibt es da den, den sie durchbohrt und an das Kreuz genagelt haben. Nein, nicht einen, sondern Hunderttausende Gekreuzigter gibt es. Aber nur einer von ihnen ist der Christus Gottes, der Messias Israels, der Heiland der Welt.

Doch den erkennen wir nicht mit unseren Augen oder durch unseren Verstand, sondern weil der Geist Gottes ihn uns offenbart hat im Glauben.

Darüber können wir froh und dankbar sein und fröhlich das Fest des Geistes Gottes feiern, der uns den Glauben verleiht und uns erkennen läßt, daß Christus um unseretwillen gelebt hat, gestorben ist und auferweckt wurde.

Aber in unserem Text ist von einem *reumütigen Geist* die Rede, der die Empfänger dazu treibt, Gott um Erbarmen anzuflehen. Deshalb genügt es nicht, von außen zu betrachten, was da uns zugut geschehen ist. Denn wir selbst sind Tatbeteiligte nach dem Zeugnis der Schrift.

Der Geist Gottes läßt uns nicht nur Gottes Tat für uns erkennen, sondern auch, was wir getan haben und tun, das Gottes Willen widerspricht, ja, einer Wiederholung der Kreuzigung gleichkommt.

Wie viele Menschen gibt es, die wir eigenhändig „durchbohrt" haben?! - Ich spreche nicht von Nägeln, sondern von Nadelstichen ins Herz, von Beleidigungen, Kränkungen, Herabwürdigungen.

Ich spreche davon, daß der eine für uns gestorben und auferstanden ist, wir aber nicht damit aufhören, Menschen ans Kreuz zu bringen - sie verhungern zu lassen, sie zu vergiften, sie mit Waffen zum gegenseitigen Bekriegen auszurüsten, ihnen keine Zuflucht zu gewähren, wenn sie verfolgt werden...

Es wird ihnen leid tun, wenn ihnen bewußt wird, was sie getan haben, sagt Gott durch den Mund des Propheten Sacharja.

Ganz ohne Festlegung auf bestimmte historische Momente gilt das für all jene Menschen, denen der Geist Gottes zuteil geworden ist.

Denn nicht unser Verstand erkennt, was wir falsch gemacht haben bis hin zu schwersten Fehlern, sondern das Herz, das von Gottes Geist erfüllt worden ist.

Das sollte man wissen, bevor man einfältig darum bittet, daß Gott uns seinen Geist schenken möge. Denn es geschieht, daß sich plötzlich Abgründe auftun, wo uns vorher noch alles halbwegs in Ordnung zu sein schien.

Aber die den Geist Gottes empfangen haben, bleiben nicht bei der Trauer um vertane Chancen und der Reue über gemachte Fehler stehen. Denn zwar erleben sie den Heiligen Geist als Gericht - aber er richtet uns nicht zugrunde, sondern richtet uns auf zu neuem Leben und neuem Gehorsam gegenüber Gott.

So verheißt es Gott beim selben Propheten Sacharja nur wenige Verse weiter: Zu jener Zeit wird in Jerusalem eine Quelle entspringen, die die Nachkommen Davids und die Bewohner der Stadt von der Befleckung durch Schuld und Ungehorsam reinigt.

Das ist es auch, worauf wir hoffen, wenn wir die Taufe begehren, in der uns die Gabe des Heiligen Geistes verheißen ist, dessen Ausgießung auf das gläubige Volk wir heute feiern.

Gott will uns nicht nur äußerlich säubern, sondern von innen her erneuern durch jenen Geist, der in uns wirkt, was Gott will. Auch wenn es bei manch einem so scheinen mag, als ließe sich der Dreck nie mehr entfernen, der an ihm haftet: Wenn Gott das will, dann geht es doch.

Nur eben, daß wir diese Gabe mit all ihren Wirkungsweisen annehmen müssen - den rückwärtsgewandten, die uns die Schamesröte ins Gesicht treiben, und die vorwärtsgewandten, die uns Anteil geben an dem neuen Himmel und der neuen Erde, in denen Gerechtigkeit wohnen, an dem neuen Leben, das nicht mehr vergeht, an der Ewigkeit Gottes, die heute beginnt - wenn Gottes Geist in uns einen neuen Anfang schafft.

In diesem Sinne wünsche ich uns allen ein frohes gesegnetes Pfingstfest.

AMEN.

Ostermontag, 5. April 2010

DER HERR IST AUFERSTANDEN - ER IST WAHRHAFTIG AUFERSTANDEN, HALLELUJA

Liebe Gemeinde, der Osterscherz war früher fest etabliert,
zu rühren manches harte Herz - ich hab heut mal ausprobiert,

zu reimen des Festtages Predigt
und dergestalt auch erledigt,

was der Apostel geschrieben den Christen
Korinths, die gern wollten wissen:

Ist's Christus alleine gegeben,
als Auferstand'ner zu leben?

Was ist die Hoffnung für dich und für mich?
Ich lese es vor - Paulus äußert sich:

Wie können nur einige sagen,
wie können sie solches nur wagen? -,

der Christus, der sei noch im Grab.

Wir predigen nun schon seit Jahren:
der Herr ist zu Gott aufgefahren,

wie er es uns sagte, vorab.

Ich gebe euch heut zu bedenken:
Das Leben will Gott uns neu schenken,

das Christus am Kreuze gewann;

doch ist diese Botschaft auch richtig,
macht ihr sie im nachhinein nichtig

und streitet ab, *jedermann*

und *jede Frau* komme ins Leben,
wie Gott es dem Christus gegeben.

Ist Christus nicht *Jesus* gewesen, ein MENSCH, so wie du und wie ich?
Muß der nicht *wie jeder* verwesen? Und doch tut er's - Gott sei Dank - <u>nicht</u>!

Die Predigt ist leider vergebens,
preist ihr *nur* den <u>Fürsten</u> den Lebens

und leugnet, was *allen* geschehn:

Für *alle* gestorben ist *einer*.

Im Tode bleiben muß *keiner*,

DIE TOTEN werdn auferstehn.

Verloren sind, die einzig schauen auf dieses Leben hin,
die zwar auf den Herrn Christus trauen doch ohne den rechten Sinn;

auf dem weiten Kreis dieser Erde wärn wir verloren dann sehr.
Damit aber Hoffnung uns werde, ist auferstanden der Herr.

Gott hat ihn erweckt aus dem Grabe, als *ersten* lebendig gemacht,
damit **jeder hier** Hoffnung habe, daß Gott uns das Leben gebracht.

Was, liebe Brüder und Schwestern, geben diese Zeilen denn her?
Die Atheisten lästern, die Christen selbst glauben kaum mehr

an die Auferstehung der Toten;
sie glauben an Zahlen und Quoten.

Sie glauben an Fakten und Zwänge,
geraten ins Grab, in die Enge.

Statistiker wissen zu sagen, die Zahl derer ist ziemlich klein,
die an Auferstehung zu glauben wagen, und zwar - darum geht's - allgemein.

Durchs Nadelöhr geht's Trampeltier, ein Mörder wird bald Pazifist.
Das glauben die Zeitgenossen hier, nicht aber, daß LEBEN geschenkt ist

den Menschen, die einst in die Grube gefahren
- ob sie nun gut oder schlechte Leut' waren.

Sie halten sich lieber an den Wahn,
daß *etwas* in uns "überleben" kann.

Sie sprechen von einer "unsterblichen Seele"
- mich schüttelt es schon, wenn ich davon erzähle:

ein Gedanke, den heidnische Griechen lehrten,
und den unsre Vorväter dann verkehrten

in christliches Gedankengut.
Das klingt attraktiv, doch sei auf der Hut:

Willst du Gewißheit, suchst du Verlaß,
treib mit Gottes Wahrheit dann nur keinen Spaß!

So lehrten es Zwingli und Luther,
so lehrten dich Vater und Mutter,

so schrieben Melanchthon, Calvin,
so schreibe auch ich es jetzt hin:

Selig macht der Glaube allein.
Keiner sonst kann Retter sein

als Christus, der Herr, Gottes Sohn.
Geschenkt ist die Gnade, kein Lohn!

Und die Quelle, die lautere, reine,
ist die Heilige Schrift ganz alleine.

Und dort steht geschrieben, sehr klar,
daß jeder muß sterben, wohl wahr.

Mit unsrer Vorfahren Worten bekennen
wir alle, die wir uns Christenvolk nennen,

daß nicht nur gestorben der Herr Jesus Christ,
sondern auch, daß er begraben ist.
Im Reiche der Toten, von Gott getrennt,
wo keine Beziehung, wo niemand dich kennt,

dort hat er gelitten in seiner Not
bittere Ohnmacht gegenüber dem Tod;

nichts **in** uns, nichts **an** uns hat ewiges Wesen,
die einzige Hoffnung für unser Genesen

ist Gottes Liebe, die den Tod niederringt,
ist seineTreue, die uns wiederbringt.

AUFERWECKUNG ist daher das bessere Wort.
Ins Leben bringt uns von dem finsteren Ort,

vom Tode die Macht unsers Schöpfers allein;
dem sollten wir dafür dankbar sein

und nichts verdunkeln und nichts verwischen,
wenn sich verschiedene Bilder vermischen:

Aufsteh'n kann ein jeder aus eigener Kraft,
Aufer*weck*ung ist, was der Himmlische schafft,

wie wir an Christus als erstem geseh'n,
doch - wie gesagt - ist dies dazu gescheh'n,

damit wir es wagen, ihm zu vertrau'n,
damit wir unsere Hoffnung bau'n

- und zwar über die Lebenszeit hinaus
auf den, der vorausging in Gottes Haus.

Ich sagte es schon, und ich bleibe dabei:

Sterben müssen alle, ganz einerlei,

ob Christ oder Heide, ob Frau oder Mann.
Und doch kommt es ganz auf den Glauben an,

ob der Tod zu dir die letzten Worte
sagt, oder ob er dir zur Pforte

wird, durch die du, wie Christus, schreitest zu Gott.
Was fürchtest du mehr: der Ungläubigen Spott

oder daß es ein Trug sei, eine Illusion,
auf die du gebaut - wer weiß das schon?

Ich kann dir die Unsicherheit nicht nehmen

- wir leben im Glauben und nicht im Schau'n-,
ich will dich ermutigen zu vertrau'n,

auch wenn Zweifel dich immer mal lähmen:

Schau auf die Geschwister, lies nach in der Schrift,
das Wort, dessen Botschaft ins Herz uns trifft:

so viele sind Zeugen des Lebens,
ich bin überzeugt: nicht vergebens!

Na schön, nenn es Dogma, na gut, nenn es Lehre,
wenn es denn graue Theorie nur wäre!

Doch Menschen, die Tod und Teufel nicht scheuen,
sondern sich Gottes und des Lebens freuen,

die denken nicht zwanghaft mehr nur an sich,
die denken weiter und engagier'n sich:

Für die ist Ostern der Beginn
eines neuen Lebens mit neuem Sinn:

Die beugen den Mächten des Todes sich nicht,
die stehen im Glauben, die gehen im Licht

des ewigen Gottes. Bist du bereit,
mitzugehen zu deiner Zeit,

Christus zu folgen im Leben, im Sterben?
Dann wirst, wie er, du das Leben erwerben.

Lasset uns preisen den herrlichen Namen
unseres Gottes - halleluja! AMEN.

10. Sonntag n. Trinitatis, 8. August 2010

Liebe Geschwister, mit eben jenem Friedensgruß, mit dem wir zuweilen die Predigt eröffnen, wenden sich Paulus und Timotheus an die messianische Gemeinde in Philippi am äußersten nördlichen Rand Griechenlands.

Philippi, gegründet als Kolonie für verdiente Veteranen, eine Stadt vorrangiger Ordnung, in der das Römische Recht ohne Abstriche galt, ist in den Geschichtsbüchern vermerkt als jener Ort, an dem im Jahre 41 vor Chr. Geb. die letzte Schlacht um die Römische Republik geschlagen wurde - ein Krieg, der mit dem Sieg der späteren Kontrahenten Antonius und Octavian endete, der sich nach seinem Triumph Augustus nennen ließ; wir kennen ihn, wenn nicht aus anderen Quellen, als jenen Kaiser, der die Volkszählung befahl, um deretwillen Joseph mit Maria nach Bethlehem pilgerte in die Stadt Davids.

Frieden wünschen die Briefschreiber ihren Empfängern zu Beginn des Schreibens. Das war in der Antike durchaus üblich. Doch Veteranen wurden nicht nur angesiedelt, um sie zu belohnen, sondern man brauchte auch ihre Erfahrung als Kriegsleute für die Verteidigung; und solche alten Kämpfer verstanden unter "Frieden" üblicherweise die PAX ROMANA, also die Niederhaltung von Aufständischen mit dem Recht und der Macht des Stärkeren.

Paulus und Timotheus - *beide* werden als Urheber genannt, wohl weil der eine diktierte, was der andere niederschrieb - setzen gleich zu Beginn ihres Briefes einen deutlichen Akzent, wenn sie dagegen jenen Frieden betonen, den ***allein Gott*** gibt: Shalom, wie er in den Heiligen Schriften Israels verheißen und beschrieben wird.

In Paulus und Timotheus - zwei Namen, die uns *mehr* als geläufig sind - begegnen wir übrigens typischen Vertretern des Diasporajudentums im östlichen Mittelmeerraum. Der eine hat seinen Rabbinernamen Saul (vom biblisch-hebräischen "Shaul") gräzisiert und damit weltläufig gemacht, wie es einem römischen Staatsangehörigen angemessen ist.

Der andere ist das Kind eines Griechen - also Heiden - und einer jüdischen Mutter, die - für Eingeweihte damals deutlich hörbar - ihren Sohn (der nach jüdischem Verständnis Jude ist und deshalb auf Veranlassung des Paulus beschnitten wurde) "Fürchtegott" ruft, wenn man den Namen übersetzen möchte. Auch in dieser verfremdeten Form ist noch der Respekt vor dem *einen und einzigen* Gott spürbar, klingt in abgewandelter Form das Glaubensbekenntnis Israels durch: "Höre Israel, der Ewige, unsere Gottheit, der Ewige ist einzig."

Das Verfasserteam tritt auf den Plan mit einer Selbstvorstellung, die an Luthers Worte auf dem Sterbebett erinnern: "Wir sind Bettler, das ist wahr", soll er zuletzt gesagt haben. Paulus und Timotheus sprechen von sich selbst als von Sklaven - und das in einer Gesellschaft, die wirtschaftlich wohl nicht funktioniert hätte ohne die permanente Ausbeutung von Sklaven. Wobei das ja heute kaum anders ist, nur daß *wir* vornehmere Bezeichnungen für das weltweite Abhängigkeitsverhältnis gefunden haben.

Indes waren weder Timotheus noch Paulus tatsächlich Sklaven; der letztere besaß, wie gesagt, sogar das römische Bürgerrecht.

Wenn man es nicht für ein allzu dick aufgetragenes "Fishing for compliments" halten möchte - und das wäre ja tatsächlich eine peinliche Anbiederung, wie wenn Theologen heute daherkämen und erst einmal bekundeten: "Wir alle sind doch Hartz-IV-Empfänger"! -, dann kann der Sinn einer solchen Selbstbezeichnung nur darin liegen, die SOLIDARITÄT mit den Sklavinnen und Sklaven zum Ausdruck zu bringen, die - gemeinsam mit einigen Freigelassenen - wohl auch den Großteil der insgesamt zahlenmäßig unbedeutenden Gemeinde in Philippi ausmachten.

"Sklaven Jesu, des Messias" ist dann ja auch die genaue Formulierung, die auf Ex. 2, 13 anspielt: Gott sprach zu Mose: Hast du das Volk aus Ägypten geführt, an diesem Berg werdet ihr Gott dienstbar. Aus den Sklaven des Pharao werden nicht einfach Individuen, die fortan tun und lassen können, was sie wollen, sondern Gottes Dienstleute. Und alle, die getauft wurden, gehören um des getöteten und auferweckten Rabbis aus Nazareth willen, der als Messias Israels bekannt wird, nun hinzu zu jenem Volk, das von Gott mit einem Dienst an der Welt beauftragt wurde.

Im Philipperbrief wird noch ein anderer Ausdruck verwendet, ebenfalls ganz am Anfang. Dort werden mit den Vorstehern und Diakonen zugleich "alle Heiligen" gegrüßt; und das ist gerade ***keine*** VIP-Liste, sondern die umfassende Bezeichnung *aller* Menschen, die diese "Ekklesia" - die BÜRGERVERSAMMLUNG GOTTES - bilden: Vorhut der neuen Welt, die Gott verheißen hat. "Heilige" sind - anders als wir das aufgrund der Praxis der katholischen Kirche heute sehen - in den rabbinischen und frühchristlichen Schriften Menschen, die anders sind, die sich abgesondert haben vom Mainstream, um ganz nach Gottes Willen zu leben - die Zeloten wären hier zu nennen, obwohl ihre Militanz, ihre gar nicht sanftmütige Rigorosität uns erst einmal nicht auf diese Idee brächte.

HEILIGE kann geradezu als "terminus technicus" und Synonym für JUDEN betrachtet werden - was in Philippi insofern auffällt, als es dort mutmaßlich keine jüdische Gemeinde gegeben hat. Denn während Paulus laut dem Zeugnis der Apostelgeschichte sonst immer in jüdischen Gemeinden zu predigen begann - was oft genug zu Handgreiflichkeiten und / oder Verhaftungen durch die römischen Autoritäten führte - gab es eine Synagoge in Philippi allem Anschein nach nicht, es fehlt zumindest jedes Zeugnis dafür.

Gleichwohl - das werden wir noch sehen - verfolgt Paulus sein Projekt "erneuertes Israel", worunter er die ***tatsächliche Gemeinschaft*** aus Juden und Gojim versteht, was sich übrigens - *anders als bei den anhaltenden Meinungsverschiedenheiten zwischen den Katholiken und Protestanten* - darin auswirkte, daß es (zum Verdruß manches frommen Eiferers) auch eine **Tischgemeinschaft** zwischen all diesen höchst unterschiedlichen Menschen gegeben hat.

Im folgenden dankt der Apostel den Philippern für deren Zusammenhalt von Anfang an bis in die Gegenwart. Die innige Verbundenheit bringt er mit einem Wort zum Ausdruck, das wörtlich “Eingeweide” zu übersetzen wäre. Im Innersten des Messias Jesus an diesem konkreten Ort herrscht Einmütigkeit. Da kann man nur sagen: Gott sei Dank!

Dem schließen sich Wünsche und Fürbitten an: Die Gemeinde möge wachsen in Erkennen und Kenntnis, schreibt Paulus in Anspielung auf Hos 4, 1 / Ez 6, 7 - und daraus läßt sich folgern, daß damit die Erkenntnis Gottes und die Anerkenntnis seines Willens im *Tun der Thora* gemeint sind.

Dementsprechend ist das zu Unterscheidende das, was den *praktischen* Unterschied zwischen “heilig” und “profan” ausmacht, die Orientierung am ethischen Maßstab der Heiligen Schrift. Die Konsequenz eines solchen Tuns ist jene Reinheit und Unanstößigkeit, die in der Aufzählung folgen. Am Beispiel der Speisegebote läßt sich leicht nachvollziehen, daß es dabei um die GEMEINSCHAFTSTAUGLICHKEIT - sprich: Mahlgemeinschaft - geht, die eine *unverzichtbare Voraussetzung* dafür ist, daß das neue Volk Gottes aus messianischen Juden und gottesfürchtigen Heiden zusammenwachsen kann - selbst wenn es hier so scheint, als sei Saulus/Paulus der einzige Repräsentant der jüdischen Tradition.

In Vers 11 erwähnt Paulus die Frucht der Bewährung - jedenfalls wenn man sich von der dogmatisch determinierten Lutherübersetzung freimacht. Der Apostel bezieht sich nämlich allem Anschein nach auf Am 6, 12, wo die *fehlende* Frucht der Bewährung beklagt und als dessen Konsequenz angekündigt wird, daß Gott sich von seinem Volk abwenden wird. Die im Messias geschehende Frucht der Bewährung bedeutet mithin das Wahrmachen dessen, was Gott den Seinen verheißen hat, und zwar als sein Geschenk, das aber dennoch in die Tat umzusetzen ist: eine Gabe, die eine *Auf*gabe in sich trägt.

Paulus hat an den Kaiser appelliert, deshalb wird seine Sache in Rom verhandelt. Ein *Hauch von Rechtstaatlichkeit* ist zu spüren, wo Inhaber des römischen Bürgerrechts mit der Justiz zu tun bekommen!

Aber deren Mühlen mahlten auch in der Antike langsam, und deshalb ist Paulus - nach eigenen Angaben - “in Fesseln”, und zwar, weil er DIE BOTSCHAFT VON DER BEFREIUNG verbreitet hat. Die Römer mögen keine Ahnung haben vom Gott Israels und seinem Messias. Aber sie sind nicht blöde! So viel wissen sie doch: daß ihnen diese Predigt der Freiheit gefährlich werden kann. - Was, wenn niemand mehr sich vor ihnen fürchtete?!

In der Apostelgeschichte (Kap. 16) wird die wundersame Befreiung des Paulus und all seiner Mitgefangenen sowie des Gefängnisaufsehers in Philippi berichtet. Sein augenblicklicher Aufenthaltsort ist aber alles andere als ein Kerker. Ich würde eher von einem “Hausarrest” sprechen, zumindest war es ihm - anders als etwa der Menschenrechtlerin Aung Sang Suu Kyi in Myanmar - erlaubt , Besucher zu empfangen und Korrespondenz zu führen.

Von wo aus Paulus schreibt, bleibt aber im Dunkeln bis auf den Umstand, daß es sich um eine Provinzhauptstadt handeln muß, an der die römische Obrigkeit ihren Sitz hat. Ob aber an Ephesus zu denken ist - was räumlich näher liegt - oder an Cäsarea - wo er 2 Jahre als persönlicher Häftling des Prokonsuls Felix verbringen mußte -, kann nicht endgültig geklärt werden.

Egal, wo sich der Apostel gerade aufhält - ihn kümmert sein persönliches Schicksal vergleichsweise wenig. Doch er freut sich, daß sich seine Inhaftierung für die Autoritäten als Bumerang erweist. Denn eigentlich ging es den Machthabern ja darum, den Mann zum Schweigen zu bringen, der *das Wort Gottes sagte* - das heißt nicht nur verbal verbreitete, sondern mit seiner ganzen Existenz beglaubigte. Und nun kommt es **im Zentrum der Macht** zu öffentlichen Diskussionen über diese unruhestiftende Botschaft!

Zwar geraten die Anhänger verschiedener Strömungen auch unter Haftbedingungen in Streit miteinander - aber, so Paulus: Was soll's, wenn nur auf mancherlei Weise über den Messias gesprochen wird?!

So wird das Prätorium zum Lehrhaus. Was für eine Ironie?! - Als hätten Oppositionelle im Stasi-Knast endlich die Gelegenheit bekommen, sich über eine freiheitliche Verfassung nach Überwindung der Zwangsherrschaft auszutauschen!

Darum verzweifelt Paulus nicht darüber, daß es unterschiedliche Auslegungen gibt, sondern er freut sich, weil sich die Römer ein Eigentor geschossen haben. In Vers 19 bringt er die Gewißheit zum Ausdruck, daß ihm dies alles zur Befreiung ausgehen wird. Er lehnt sich möglicherweise einmal mehr an den Sprachgebrauch der Hebräischen Bibel an, ja zitiert geradezu Hiob, der die wohlgemeinten Ratschläge seines "Freundes" Zofar, endlich Gott gegenüber die eigene Schuld einzugestehen, mit folgenden Worten zurückweist:

Schweigt, laßt ab von mir, ich will selber reden, was immer über mich ergehe, was immer! Ich fasse mein Fleisch mit meinen Zähnen, meine Seele lege ich in meine Hand, - wohl mag er mich erschlagen, ich harre dessen. Auch das schon ist Befreiung, denn ein Entarteter tritt ihm nicht vors Antlitz. Wohl denn, ich habe die Sache gerüstet, ich weiß, daß ich bewahrheitet bin...

Anders als die christliche Auslegungstradition die Verse 18-26 zumeist versteht, spricht Paulus meines Erachtens kaum von einer Befreiung, die der Tod für ihn bedeutete. *Wie Hiob* weiß er sich untadelig in seinem thoratreuen Leben und ist bereit, sich dafür vor Gott zu verantworten.

Allerdings gerät er in einen Zwiespalt. Nur besteht der *nicht* zwischen TODESSEHNSUCHT und LEBENSWILLEN, sondern darin, daß er noch immer damit zu kämpfen hat, die vorbildliche und vorzeigbare Biographie als frommer Jude in den Dienst seiner neuen Berufung zu stellen ***oder aber, wo es sein muß***, gänzlich zu verwerfen, um nicht erneut jene Hürden zu errichten, die niederzureißen er als alternativlos erkannt hat.

Wenn es denn ums Sterben gehen sollte, dann gewiß nicht um einen natürlichen Tod oder Selbsttötung - womöglich aus Verzweiflung über ausbleibenden Erfolg! Paulus sieht sich mit dem Tod konfrontiert, denn ihm ist die Todesstrafe als Option bewußt. Gleichwohl sieht er keinen anderen Weg und bringt sein Vertrauen zu Gott zum Ausdruck, indem er inmitten seiner Gefangenschaft von Befreiung spricht.

Und die Philipper haben ihren Anteil an seiner Zuversicht, denn *diese Gemeinde nährt die Hoffnung des Paulus*, daß all sein Tun und Leiden nicht umsonst, sondern von Gott gesegnet sein wird. Für den Apostel sind die Zeichen untrüglich, daß die neue Welt Gottes bereits begonnen hat in Jesus, dem Messias, der diese Gemeinde im Innersten zusammenhält.

So endet das erste Kapitel mit Ermahnung und Ermutigung für die Philipper: Es gilt, im täglichen Leben des Gemeinwesens erkennbar umzusetzen, daß die Gute Nachricht Leitschnur ihres Handelns ist. Das heißt: Kirche ist ***eben nicht*** *nur* ein KULTINSTITUT, ist nicht einfach ein *zusätzliches religiöses Angebot* neben den vielen anderen, die bereits existieren.

Kirche ist: Volk Gottes aus Juden und Heiden, herausgerufen, Befreiung zu leben.

So sehr sie sich Gottes Liebe verdankt und sich all dessen freuen darf, was ihr geschenkt wurde, darf sie sich nicht aufs *Empfangen* allein beschränken. Das Vertrauen in den Messias kann es erforderlich machen, so Paulus, jenen Kampf aufzunehmen, den sie an ihm im Augenblick wahrnehmen.

Das ist kein Zuckerschlecken.

Und dennoch gibt es kein Zurück, wo ein Mensch begriffen hat: Der Ruf Gottes, die Zusage der Befreiung ist keine graue Theorie, sondern zielt darauf, mein Leben von Grund auf zu verändern.

Will ich mich darauf einlassen, mit allen Konsequenzen?

Ja und Amen. Ich glaube - Herr, hilf meinem Unglauben!

Anmerkung: Die Predigtreihe zum Philipperbrief setzt homiletisch um, was Gerhard Jankowski ("Das messianische Experiment", in: Texte und Kontexte 62/63, Berlin 1994) exegetisch herausgearbeitet hat.

11. Sonntag n. Trinitatis, 15. August 2010

Liebe Schwestern und Brüder, wenn in Zeiten von Krieg und Unterdrückung ein Gespräch über Bäume schon ein Verbrechen sein kann - so damals Brecht "an die Nachgeborenen" -, dann könnte man auch auf die Idee kommen, ein Gottesdienst, der die sonntägliche Tradition fortsetzt, sei nicht verantwortbar, wenn Katastrophenmeldungen aus aller Welt die Schlagzeilen beherrschen:

Pakistan steht unter Wasser, Rußland in Flammen, die Neiße trat über die Ufer und in China sind ganze Dörfer vom Schlamm weggespült worden...

...und wir leisten uns den Luxus, wie gewohnt die Bibel aufzuschlagen!

Ja, wir *leben* diesen Luxus - anderen Luxus leben wir ja auch. Nur daß es sich beim Sonntag um eine Gabe Gottes handelt: den Sabbat, den Tag der Arbeitsruhe und der Besinnung auf das, was wirklich wichtig ist im Leben.

Dafür brauchen wir den Blick in die Heilige Schrift. Insofern ist es *kein* Luxus im Sinne dessen, was die Milliardäre in den USA meinen entbehren zu können, während sich hiesige Reiche dagegen sträuben, daß man ihnen vorschreiben will, wohin sie ihren Überfluß lenken sollen...

Wir schlagen erneut den Philipperbrief auf, der damals durchaus ganz situationsbezogen war und sich an Menschen richtete, die dem Verfasser persönlich bekannt waren, ja, die ihm am Herzen lagen.

Wenn wir im Jahre 2010 die Bibel lesen, dann sind das - in unserer Erwartung jedenfalls - auch Worte an"Nachgeborene". Zumindest lassen wir sie uns etwas angehen. - Und wir würden uns ja die Mühe der Interpretation ersparen und auf andere Lektüre ausweichen, wären wir nicht überzeugt, daß es Gott selbst ist, der uns hier etwas zu sagen hat - und zwar *zwischen den Zeilen* ebenso wie in den Buchstaben selbst.

Wir sollen, schreibt Paulus zu Beginn, das Eine bedenken. Im griechischen Schrifttum ist damit zumeist das gemeint, was eine Gruppe an COMMON SENSE hat; wir könnten auch - etwas mäkliger - vom *kleinsten gemeinsamen Nenner* sprechen.

Das ist ja immer wieder Thema in christlichen Gemeinden: Was ist der Kern an Gemeinsamem, was darf nicht hinterfragt werden, ohne daß die Einheit infrage gestellt wird und am Ende zerbricht?

Es mag eine ganze Reihe von Dingen geben, die als "Geschmacksfragen" schwer zu diskutieren sind, weil, wie unser Sprichwort sagt, über Geschmacksfragen nun mal nicht gestritten werden kann - also ob wir eine direkte oder indirekte Beleuchtung für unseren Kirchraum wünschen, ob die Akustik oder die Ästhetik an erster Stelle zu berücksichtigen ist für einen Gruppenraum und dergleichen mehr.

Interessant übrigens, daß es im Spanischen an dieser Stelle heißt "de gustos hay nada escrito" - "über Geschmacksfragen steht nichts (in der Bibel) geschrieben".

Das heißt wohl soviel wie: Über die Auslegung streiten ist gut - aber in der Bibel *geht es nicht* um Fragen des Geschmacks, sondern um grundsätzliche Dinge.

Und tatsächlich verfolgt der Apostel hier eine andere Absicht, aber es geht ihm nicht um die Beschwörung einer grundlegenden Dogmatik, sondern um fundamentale VERHALTENSNORMEN, die die Einheit der zum Messias gehörigen Menschen charakterisieren.

Die Gemeinde in Philippi soll nicht vergessen, sondern stets bedenken, daß es die aus der Diskussion um den Umgang mit Proselyten bekannte Trias Zuspruch der Liebe / Gemeinschaft des Geistes / Erbarmen und Mitleid ist, die die Gemeinschaft von Juden und Gottesfürchtigen konstituiert. Wenn denn die Gefahr besteht, daß die Philipper die Wurzel der nun gemeinsamen Tradition vergessen - und niemand schreibt Ermahnungen nur aus Jux und Tollerei! - dann müssen sie daran erinnert werden, das Eine, das Einigende stets zu bedenken, was das Projekt “erneuertes Israel aus Juden und Heiden” überhaupt erst ermöglicht, auch wenn es sich zugegebenermaßen “nur” um eine *geistliche* Gemeinschaft, keine “fleischliche” handelt: Juden und Heiden gehören zwar gleichermaßen zum Leib Christi, aber doch jeder auf seine spezifische Weise.

An dieser Stelle kommt nun - wie könnte es anders sein - der Messias selbst ins Spiel: ein Sklave par Excellence, gegen den sich die Selbstvorstellung der Briefeschreiber im 1. Kapitel beinahe wie eine Anmaßung ausnimmt!

Über diesen Text ist so viel geschrieben und gepredigt worden, daß man vermeintlich nichts Neues mehr zu entdecken vermag, wenn man die Verse abermals hört und bedenkt.

Das gilt aber nur unter der Voraussetzung, daß weiterhin die Bultmann’sche Auslegungstradition ihr Monopol behauptet, wonach es sich bei dem sogenannten “Christus-Hymnus” um vorchristlich-gnostisches Gedankengut handle.

Wir können das im Rahmen von 15 Minuten nicht klären, einige kurze Anmerkungen müssen genügen:

Zunächst scheint das Griechisch des Philipperbriefes der herrschenden Meinung recht zu geben. So stoßen wir in diesem Abschnitt beispielsweise auf etliche Worte, die nur hier im NT vorkommen. Wenn man sich allerdings vor Augen hält, daß die Empfänger des Briefes eher im Militärjargon zuhause sind als in der Fachterminologie jüdischer Schriftgelehrter, dann relativiert sich dieses Argument gleich wieder.

Und wer Augen hat zu sehen, der entdeckt Schlüsselworte einer soeben im Entstehen begriffenen jüdisch-christlichen Tradition:

NAME ist so ein Signalwort, denn der ist in der Antike keineswegs “Schall und Rauch”, sondern insbesondere in der Hebräischen Bibel ein Ersatzwort für den unaussprechlichen, mit den vier Buchstaben J-H-W-H gekennzeichneten Namen des Ewigen. Wir kommen gleich noch darauf zurück.

Es gilt, so Paulus, zu bedenken, was in Jesus, dem Messias, war, und dann wird dieser gekennzeichnet mit den Gegensatzpaaren “in Gottesgestalt / Gestalt eines Sklaven annehmend” und der Gegenüberstellung von “für einen Raub halten / sich erniedrigen”.

Damit werden - auch für uns hörbar - zwei zentrale Texte am Anfang der Bibel aufgerufen: die Schöpfungs- und die Sündenfallgeschichte.

Der hier charakterisierte Mensch ist - anders als Adam - jener, der seiner Bestimmung zum Menschsein gerecht wird, indem er *über die anderen Geschöpfe herrscht*, **ohne** daß er der Versuchung erliegt, "**wie Gott**" sein zu wollen - was unter anderem bedeuten würde, nicht sterben zu müssen.

Was aus der Distanz, die wir nun einmal haben, einigermaßen belanglos klingt, ist in Wahrheit eine deftige Polemik gegen den Gründer der Kolonie Philippi, "divus Augustus" - er, ein Sterblicher, ***ist*** der Versuchung erlegen, sich vergöttlichen zu lassen: eine Anmaßung, ein "Raub". Er wird dennoch keinesfalls *wie Gott*, sondern ist *wie Adam* zum Sterben verurteilt.

Wegen des Bilderverbotes bereitete es den Rabbinen Schwierigkeiten, mit der Aussage von der Erschaffung des Menschen "im Bilde Gottes" zurechtzukommen. Daher ersannen sie feinsinnige Vergleiche.

So sagte R. Tifdai im Namen von R. Aha: *Die Himmlischen wurden geschaffen im Bild und in Gleichnis Gottes und pflanzen sich nicht fort, während die irdischen Geschöpfe sich fortpflanzen, aber nicht in Bild und Gleichnis geschaffen wurden. Der Heilige - gesegnet sei Er - sagte: Da, ich will ihn (den Menschen) schaffen in Bild und Gleichnis der Himmlischen, während er sich fortpflanzen soll nach Art der Irdischen.*

R. Tifdai hat im Namen des R. Aha gesagt: *Der Heilige, gesegnet sei Er, sagte: Wenn ich ihn schaffe nach Art der Himmlischen, wird er leben und nicht sterben, und wenn ich ihn schaffe nach Art der Irdischen, wird er sterben und nicht leben. Deswegen will ich ihn schaffen nach Art der Oberen und der Unteren: wenn er sündigt, wird er sterben, wenn er nicht sündigt, wird er leben.*

Der Messias tut etwas, das im völligen Widerspruch steht zu allem, was man mit Gott und göttlich im Verbindung gebracht hat - und zwar sowohl jüdischerseits als auch heidnischerseits. Beide Male ist Gott (oder sind die Götter) himmlisch und erhaben, letzten Endes einer ganz anderes Sphäre zugehörig als wir Menschen.

Nicht so der Messias Gottes: Er erniedrigt sich ebenso, wie die Menschen im Römischen Reich entrechtet waren, zu Sklaven gemacht. Dieser Jesus aus Nazareth wird Gott "hörig", wie Sklaven auf ihren Herrn hören müssen - mit anderen Worten: Jesus solidarisiert sich mit denjenigen, die an unterster Stelle in der Hierarchie der römischen Sklavenhaltergesellschaft standen, und zwar bis ans Kreuz.

Für uns ist das ein Stichwort aus dem Glaubensbekenntnis, liebe Geschwister, für die Menschen in Philippi aber wird damit nicht allein das Geschehen auf Golgatha aufgerufen, sondern alles staatliche Straf- und Unterdrückungshandeln Roms gegenüber solchen, die als Aufrührer betrachtet werden, steht ihnen vor Augen.

Liebe Gemeinde, wir bekennen den bis in den Tod Erniedrigten als unseren Herrn, auferweckt von den Toten. In unserem Text wird sprachlich ein etwas anderer Weg eingeschlagen, wenn Paulus davon spricht, dem Erniedrigten werde der Name geschenkt.

Was ist das für ein Name?

Wir kennen ihn als Jesus - das Matthäusevangelium legt großen Wert auf die Namensgebung durch Joseph. Original hebräisch würde man ihn Jeshua gerufen haben, und das heißt übersetzt BEFREIER. Damit ist zugleich sein Werk, sein Auftrag bezeichnet, den er von Gott bekommen hat.

Und wir kennen ihn als den HERRN, griechisch: **Kyrios**.

Mit exakt diesem Titel haben sich seit spätestens dem Ende des ersten Jahrhunderts die römischen Kaiser nennen lassen, genauer: *Herr und Gott* - und das ist, wie wir wissen, ***eine doppelte Provokation*** zumindest für fromme Gemüter. Der Apostel bietet dem mit einer schroffen Gegenhaltung Paroli : Der KYRIOS, den die Gemeinde kennt und bekennt, ist kein irdischer Herrscher, sondern der zum Sklaven gewordene Messias Jesus.

Da das Wort DER NAME, in der griechischen Fassung mit "Kyrios" wiedergegeben, für Gott stehen kann, deutet Paulus mit seiner Formulierung eine Identifikation Gottes mit seinem Messias an.

Aber Achtung: Am Ende heißt es dann doch: "**zur Ehre Gottes, des Vaters**". Ob es uns gefällt oder nicht, es bleibt bei einer Über- bzw. Vorordnung Gottes gegenüber dem Messias, zumindest in diesem Text.

Ein paar Beobachtungen seien noch schnell mitgeteilt:

In Vers 10 werden die Himmlischen, die Irdischen und die Unterirdischen erwähnt. Uns erinnert von fern an das Gebot, nicht anzubeten - weder im Himmel noch auf Erden noch im Wasser unter der Erde - und könnte zugleich auf den griechischen Gott gemünzt sein, vor dem sich in der hellenistischen Welt alles zu beugen hatte: Zeus.

Statt vor diesem Götzen werden sich dem Messias aller Knie beugen und alle Zungen bekennen, zur Ehre Gottes des Vaters. Dem geübten Bibelleser fällt die beißende Satire des Propheten Jesaja (im 45. Kapitel) ein, die mit Bekenntnis zu dem einzig wahren Gott endet: Wendet euch zu mir und laßt euch befreien, alle Enden der Erde, denn ich bin Gott, keiner sonst! Ich habe bei mir geschworen, aus meinem Munde fuhr Bewährtes, Rede, die nicht zurückkehrt: Mir beugen wird sich alles Knie, zuschwören alle Zunge. Nur bei JHWH habe ich Bewahrheitung und Macht. Zu ihm kommen, beschämt, alle wider ihn Entflammten, als durch JHWH bewahrheitet preist sich aller Same Israels.

Aller Same Israels wird hier von Paulus offensichtlich sehr frei interpretiert, nämlich so, daß darin auch die mit inbegriffen sind, die im ursprünglichen Prophetentext das feindliche Gegenüber darstellten. Hier ist das NEUE ISRAEL im Blick, und Befreiung wird denen zugesagt, die sich von den falschen Götzen gelöst haben, um teilzuhaben am Befreiungshandeln des Messias Jesus, des bis zum Kreuzestod solidarischen Sklaven.

In den Versen 12 - 18 geht es nach dem Bedenken dieses Grund-Datums um die PRAXIS, die als Konsequenz folgt. Ich muß mich auf Stichworte beschränken:

Furcht und Zittern verweist auf das Moselied (Ex 15), das dankbar auf die Befreiung aus der Sklaverei Ägyptens blickt. Die bereits geschehene Rettung sollen die Philipper nun ihrerseits "bewirken", d.h. praktisch verwirklichen, also im gelebten Alltag als wahr erweisen.

Und das ohne Murren und Zerreden, und zwar inmitten dieses untreuen Geschlechts. Die Gemeinde in Philippi soll sich von den Israeliten damals unterscheiden und nicht alles infrage stellen, was Gott tut und / oder ihnen aufträgt. Sie soll vielmehr vollkommen und integer sein, mithin ganz gemäß Gottes Willen lebend.

Was das auf uns bezogen heißen mag, wäre eher ein Thema für das Nachgespräch als für den Kanzelmonolog. Nur soviel: Paulus traut seinen Leuten durchaus zu, daß sie in die Tat umsetzen, was er ihnen rät. Denn er vertraut darauf, daß sie am Lebenswort festhalten, wie am Ende des 5. Buches Mose Israel eingeschärft wird, die Thora zu bewahren und damit das Leben zu wählen statt den Tod, den Segen, nicht den Fluch. Dann wird, was er ihnen gepredigt und vorgelebt hat, nicht umsonst sein.

Das heißt also, Prediger, Botschaft und Gemeinde stehen in einem engen Beziehungszusammenhang - vielleicht liegt hier eine der Ursachen dafür, daß die Kommunikation von der Kanzel herab heute nicht mehr derart intensiv und wirkungsvoll ist wie einst...

Und zugegeben: Bei Opfer und Dienstleistung hingegossen zu werden, gehört nicht zum Berufsbild evangelischer Pfarrerinnen und Pfarrer.

Gott sei Dank, daß die Botschaft unter uns frei verkündigt werden darf!

Möge sein Wort dennoch - dennoch? -; möge sein Wort ***eben deshalb*** nicht leer zurückkehren, sondern uns alle mit seiner Kraft erfüllen und fähig machen, unser Leben davon bestimmen zu lassen!

Des weiteren, liebe Geschwister, freut euch im Herrn!

AMEN.

12. Sonntag n. Trinitatis, 22. August 2010

Liebe Gemeinde in Schönow-Buschgraben,

ganz genau wie die Adressaten jenes Briefes, den wir in diesem Monat lesen, die Gemeinde in Philippi also, verdanken wir unsere Existenz als Christen demjenigen, der es nicht für ein *gefundenes Fressen* hielt, Gott gleich zu sein, sondern sich erniedrigte in Solidarität mit denen, die ganz unten sind.

Gleichwohl - oder besser vielleicht doch: *eben deshalb* - nennen wir ihn unsern Herrn und GOTTES SOHN von Ewigkeit zu Ewigkeit.

Wir sollten, so Paulus, bedenken, was in dem Messias Jesus war, um daraus dann Konsequenzen für das eigene Handeln zu ziehen. Und der Apostel scheut sich nicht, in pädagogischer Absicht auf sein eigenes Beispiel hinzuweisen: Er liegt "in Fesseln", weil er die Botschaft von der Befreiung verkündigt hat.

Im dritten Kapitel wird er, was das Biographische betrifft, besonders drastisch, indem er eine beeindruckende Gewinn- und Verlustrechnung aufmacht. Seine vormaligen Vorzüge lesen sich wie eine gewaltige Prahlerei, und wer sich diese Aufzählung auf der Zunge zergehen läßt, kann eigentlich nur vor Neid erblassen:

Paulus, der Provinzjude, gehört zu jenen, die innerhalb Israels besondere Würde genießen, denn BENJAMIN ist der einzige Sohn Jakobs, der *im Land Israel geboren* ist; seine Nachkommen wurden als die Elite des Volkes betrachtet.

Und dann hat Saulus auch noch die Sprache der Bibel gelernt - was durchaus nicht viele von sich sagen konnten; nicht umsonst hatte man im zweiten vorchristlichen Jahrhundert die sogenannte "Septuaginta", die griechische Übersetzung der Hebräischen Bibel, geschaffen. Die zu Hilfe zu nehmen, hat er nicht nötig, ist er doch "Hebräer von Hebräern".

Damit noch lange nicht genug, kann der Mann aus Tarsus darauf verweisen, daß er zu den Schriftgelehrten gehört, und sein Eifer, das Gelernte in die Tat umzusetzen, reichte so weit, daß er sogar die messianische Sekte der Jesusanhänger anfangs verfolgt hatte, die ihrerseits bezichtigt wurden, Zeloten, Eiferer, zu sein und das Volk vom rechten Weg abzubringen.

Wenn Paulus noch immer in diesem Koordinatensystem rechnete, brauchte er sich nach eigenen Angaben keine Sorge zu machen: "Im Fleisch", d.h. also gemäß natürlicher Gegebenheiten, ist er den vorgegebenen Weg recht gewandelt. Im Hinblick auf die Bewährung durch Einhalten der Thora hat er sich nichts vorzuwerfen und fürchtet daher auch Gottes Urteil nicht.

> Was für ein Selbstbewußtsein! - Wenn man das einmal vergleicht mit jenem frommen Eiferer, der einmal die mittelalterliche Welt verändern sollte, aber in seiner Klosterzelle stets von Zweifeln an sich und an Gott geplagt war...

Aber was gestern noch unüberbietbar wertvoll schien, ist heute einen Dreck wert!

Wer so drastisch redet, hat einen radikalen Wechsel vollzogen. Man denke an Bekehrte wie Franz von Assisi, der ja der Legende nach seinem Vater auf dem Marktplatz seiner Heimatstadt - vor allen Leuten! - sämtlichen Besitz einschließlich seiner kostbaren Kleidung vor die Füße warf. Alles, was einmal begehrtes Statussymbol war, zählte nun nicht mehr: Was hülfe es dem Menschen, wenn er die ganz Welt gewönne und nähme doch Schaden an seiner Seele...?

Bei Saulus / Paulus stehen die Dinge ein wenig anders. Nicht DAS JUDENTUM ist ihm wertlos geworden oder gar - wie manche übersetzen - ein Schaden. Für schädlich hält er allerdings jene, die - *wie vormals er selber auch* - darauf bestehen, daß die Welt nur gerettet werden kann, wenn *alle Menschen* Juden werden.

> Nebenbei gesagt: Wenn wir das heute bedenken, sollten wir in Gedanken "jüdisch" in "christlich" übertragen, und wir sehen uns mit haargenau demselben Phänomen konfrontiert, nur daß es jetzt eben *christliche* Fundamentalisten sind, über die wir den Kopf schütteln (sollten)!

Wir sind die Beschneidung, behauptet einer der ganz wenigen Juden unter den Messianisten in Philippi und wirft den missionierenden Juden vor, sie seien die Zerschneidung.

Das tut schon beim Anhören weh, und das soll es auch, denn es schmerzt den Apostel, daß die vormaligen Glaubensgenossen den Messias Jesus nicht anerkennen und deshalb auch *ver*kennen, daß Gott einlädt, seinem Bund anzugehören, ohne sich allen Regeln und Zwängen des Judentums unterwerfen zu müssen. Was zählt, ist einzig das Vertrauen auf Jesus, den Messias.

Abgeschnitten wird also mehr als ein Körperteil, auf das man im Zweifelsfall auch gut verzichten kann. Durchgeschnitten wird sozusagen das Tischtuch. Die Hardliner haben kein Verständnis für die Gemeinschaft des neuen Israel aus Juden und Heiden, für die Paulus mit Inbrunst wirbt. Daher die drastischen Schimpfworte ganz zu Beginn: Schlechte Arbeiter nennt Paulus seine Gegner auch an anderer Stelle [2 Kor 11, 13], wo er zugleich unterstellt, diese seien Pseudogesandte und kämen in betrügerischer Absicht. Und als Hundepack beschimpfte schon David im Psalm [59, 7] seine Widersacher.

Wozu diese Schärfe?

Nun, es geht um ***nicht mehr und nicht weniger*** als die Frage, wer zu Gott gehört und wer nicht.

Traditionelles Judentum stützt sich auf die Bestimmung Gen. 17, 10-14:

Dies ist mein Bund, den ihr wahren sollt, zwischen mir und euch und deinem Samen nach dir: Beschnitten unter euch sei alles Männliche. Am Fleisch eurer Vorhaut sollt ihr beschnitten werden, das sei zum Zeichen des Bundes zwischen mir und euch. Mit acht Tagen soll alles Männliche unter euch beschnitten werden, in eure Geschlechter, Hausgeborener und von irgendeinem Fremdem um Geld Erworbener, der also nicht deines Samens ist, beschnitten werde, beschnitten dein Hausgeborener und dein Gelderworbener, mein Bund sei an euerm Fleisch zum Weltzeit-Bund. Ein vorhautiger Mann aber, der am Fleisch seiner Vorhaut sich nicht beschneiden läßt, gerodet werde solch Wesen aus seinen Volkleuten, meinen Bund hat er gesprengt.

Das galt damals und gilt noch heute. Und die Bestimmungen für die Gottesfürchtigen, die auf dem Weg sind, Juden zu werden, definieren klipp und klar: Man ist kein Proselyt, bis man beschnitten ist und das Tauchbad genommen hat.

Erst dann ist ein Nichtisraelit gereinigt und steht unter dem Schutz der Gemeinschaft. Man konnte sich zwar allmählich dem Judentum nähern - denken wir an den äthiopischen Kämmerer, der zum Tempel reist, um anzubeten, und in den Heiligen Schriften liest. Man mußte aber, wollte man als "Gottesfürchtiger" Gebets- und Tischgemeinschaft mit Volljuden haben, die Minimalanforderungen erfüllen, d.h. dem Götzendienst abschwören, sich der Hurerei enthalten und durfte kein Götzenopferfleisch essen. Und es wurde erwartet, daß man sich nach einer gewissen Zeit entschied, ganz zum Judentum überzutreten, d.h. sich beschneiden zu lassen. Geschah dies nicht, galten diese Menschen wieder als Gojim, als Unreine.

Hier wird also weitaus mehr als ein Stückchen Haut entfernt - hier geht es um eine grundsätzliche Abtrennung derjenigen, die nach Gottes Regeln leben, von den übrigen, den Allerweltsmenschen.

Wenn Paulus polemisiert und von "Zerschneidung" spricht, will er damit nicht das jüdische Ritual verächtlich machen; für ihn gilt weiterhin, was Gott seinem Volk geboten hat.

Aber der Geist hat größeres Gewicht als der pure Buchstabe: Mögen die Söhne Abrahams weiterhin beschnitten werden von Generation zu Generation! - Die aus den Völkern Hinzukommenden zählen um des Messias willen mit zum Volk Gottes. Zwar nicht "fleischlich" - also wörtlich: mit einem Zeichen am Fleische ihres Leibes -, wohl aber "geistlich" sind sie Glieder desselben Bundes. Denn der ist dadurch gekennzeichnet, daß diejenigen, die ihm angehören, allesamt Diener Gottes sind.

> Und abermals gebe ich zu bedenken, liebe Schwestern und Brüder, daß man das hier Gesagte ohne Schwierigkeiten auf christliche Verhältnisse übertragen und dann dieselbe Diskussion führen kann: Welchen Stellenwert haben äußere Zeichen - in unserem Falle also die Taufe - im Verhältnis zu der gelebten Gottesbeziehung?

Paulus betont geradezu brachial, daß die formvollende und prinzipiell gültige Mitgliedschaft in einer Religionsgemeinschaft ***nichts wert ist*** gemessen an Glaube, Hoffnung und Liebe, die im täglichen Leben zum Tragen kommen.

Ich springe nach Vers 12, der meist mit einem ergänzten "es" übersetzt wird, aber ebenso gut auch wie folgt wiedergegeben werden kann: Nicht, weil ich schon besitze oder zum Ziel gekommen bin, ich setze aber nach, ob ich auch in Besitz nehme, weil ich auch vom Messias Jesus in Besitz genommen wurde.

Es geht, so vermute ich, nicht um irgendein Begreifen im Sinne von "verstehen", sondern um ein Bekommen, ein Erbe, das nämlich denen verheißen ist, die Thora lernen und leben: "Durch Kenntnis der Thora ist das Leben in der zukünftigen Welt schon erworben." So lehrte es der - spätestens seit April auch in unserer Gemeinde bekannte - Rabbi Hillel.

Doch Paulus läßt dies hinter sich und wagt es, diesen Glaubenssatz dahingehend zu variieren, daß es nunmehr heißt: "Wer den Messias kennt, hat schon das Leben in der kommenden Welt Gottes erworben."

Hat er schon - oder hat er noch nicht, liebe Gemeinde?

Er ist sich nicht sicher. Er weiß, daß er gerade dabei ist, sozusagen den Spatzen in der Hand fliegen zu lassen für die Taube auf dem Dach. Aber er kann nicht anders, denn es geht nicht nur um das aktive Hinlangen, vielmehr ist er ganz in Besitz genommen und hat als Diener Christi nicht mehr eigenen Impulsen zu folgen, sondern zu tun, was von ihm erwartet wird.

Er hofft auf den Siegespreis - wie ein Athlet, der die Strapazen des Trainings und des Wettkampfes auf sich nimmt, ohne zu wissen, ob es am Ende genügt; doch wer nicht kämpft, der hat ja bereits verloren!

Zu gewinnen wäre aus Sicht des Paulus, daß die Philipper sich ganz abwenden von ihrer heidnischen Vergangenheit, ohne aber sich nötigen zu lassen, zum Judentum zu konvertieren. Sie sollen teilhaben an der Freiheit, die der Messias schenkt, und daran festhalten.

Im Schlußabschnitt des dritten Kapitels bemüht sich der Apostel nach all den schroffen Worten und Ermahnungen, die verunsicherte Gemeinde zu beruhigen. Er spricht vom sicheren Gehen, obwohl der neue Weg, den es nun zu gehen gilt, *gerade erst noch gefunden werden muß*; denn es muß ein dritter Weg sein zwischen dem traditionellen Judentum und der polytheistischen Umwelt.

> Bedenken wir, liebe Geschwister, in welch scharfer Auseinandersetzung Paulus stand! Hätte er geahnt, daß *von der anderen Seite her* einmal seine Worte als Argumente herhalten müssen für eine vollständige Loslösung vom Judentum - er hätte sich wohl auf die Zunge gebissen und anders formuliert. Denn wie man u.a. im Römerbrief studieren kann, hat er daran festgehalten, daß Gott seine Wahl nicht bereut und widerruft, sondern die Völker um Christi willen "aufpfropft" auf den Wurzelstock Israels.

Hier aber wird der Apostel polemisch gegenüber seinen vormaligen Glaubensgenossen, um die messianische Gemeinde in Philippi seiner Solidarität zu versichern. Sie sollen sich nicht verunsichern lassen, sondern sich an ihm ein Beispiel nehmen, damit sie nicht den "Feinden des Kreuzes" anheimfallen.

Wie könnte man im alten Rom **kein** ***Feind des Kreuzes*** sein, war dieses doch das gängige Folterinstrument zur Abschreckung von Sympathisanten des Widerstandes?!

Und wie hätte man als Jude darüber hinwegsehen sollen, daß in der Thora geschrieben steht, daß "verflucht ist, wer am Holz hängt"?

FEINDE DES KREUZES nennt Paulus hier diejenigen, deren Aktivitäten zu einer *Auflösung der Ekklesia* führen könnten, was er mit allen Mittel zu verhindern trachtet.

Daher kommt es zu so deftigen Beschimpfungen wie etwa der Behauptung, ihr Gott sei ihr Bauch. Das ist kein dumpfes Poltern gegen Leute, die möglicherweise gern essen oder eventuell das Laster eines ausschweifenden Lebens haben. Im Gegenteil ist eher damit zu rechnen, daß er damit diejenigen aufs Korn nimmt, die *nicht den Menschen* sehen, sondern nur auf die SPEISEGEBOTE schauen.

Immer wieder dieselbe Frontstellung in Variationen: Mit der Feststellung, daß "unser Gemeinwesen im Himmel" sei, wehrt Paulus die Forderung nach einer Verwaltungsautonomie ab. Abgesehen davon, daß es nicht in Frage kommt, wieder unter das Dach der Synagoge zu schlüpfen, stellen die Christen keine anerkannte Gruppe dar und sind zahlenmäßig derart unbedeutend, daß eine politische Provokation der Machthaber nicht in ihrem Interesse liegen kann.

Aber eine reine Durchhalteparole ist seine Aussage deswegen trotzdem nicht, spricht er doch - in sehr bewußter Anspielung auf den sogenannten Christushymnus aus Kapitel 2 - von der Umformung des Leibes der Erniedrigung und davon daß der Messias sich "das Ganze", also die gesamte Menschheit, "unterstellen" wird.

Das bedeutet, ein politischer Anspruch oder zumindest eine politische Hoffnung ist durchaus verbunden mit der Verkündigung der Befreiung durch den Messias Jesus, nur daß diese nicht, wie von den Zeloten gefordert, mit Militanz durchgesetzt werden soll, sondern menschlicher Entscheidungsbefugnis entzogen, da im Himmel vorhanden ist.

Die römischen Machthaber behaupten, daß es ihre Aufgabe sei, die Unterworfenen zu schützen - Assoziationen zum Irak oder zu Afghanistan lassen sich hier m.E. schwer vermeiden...

Paulus jedoch hält dem entgegen, daß der Messias mit dem programmatischen Namen JESHUA - "Befreier" - sich die ganze Menschheit unterstellen wird - nicht als Unterworfene und Untergebene, sondern als Freie, als Menschen, die *menschlich* miteinander umgehen.

Damals in Philippi heiß diskutiert und umkämpft - heute längst Geschichte...

- Oder doch noch immer ZUKUNFTSMUSIK?

Meine geliebten und ersehnten Geschwister, meine Freude und Krone, steht fest im Herrn, Geliebte!

AMEN.

13. Sonntag n. Trinitatis, 29. August 2010

Liebe Schwestern und Brüder, am Ende eines Briefes ist das Wichtigste schon gesagt, ist fast alles bereits zur Sprache gebracht worden.

Es bleiben: Grüße - aber nicht nur. Es geht jetzt - endlich! - vor allem um die praktische Umsetzung all dessen, was Paulus zuvor entfaltet hatte.

Die Frauen, mit denen alles begann in Philippi, werden folgerichtig zuerst genannt: Euodia und Syntyche, Freigelassene oder Sklavinnen, werden gelobt und ermutigt. Immer wieder geht es darum, DAS EINE zu "bedenken"- sich auf das Vorbild des Messias zu besinnen im Hinblick auf das eigene Tun und Leiden.

Dann wird der *Sanftmütige* erwähnt, wie man den Namen CLEMENS zu übersetzen hätte. Ihm und den übrigen Mitarbeitern vor Ort gilt, was Paulus einem anonym bleibenden "Jochgenossen" ans Herz legt.

Wir erinnern uns an das Jesuswort: Nehmt auf euch mein Joch und lernt von mir; denn ich bin sanftmütig und von Herzen demütig; so werdet ihr Ruhe finden für eure Seelen, denn mein Joch ist sanft, und meine Last ist leicht [Mt. 11, 29]. Damit hatte er denen, die mit ihm das Joch tragen, d.h. sich bemühen, Thora zu tun, zu verstehen gegeben, daß es einen *gangbaren Weg* gibt, das Leben in der kommenden Welt Gottes zu erlangen.

Paulus verkündigt denen, die sich für die Gute Nachricht engagieren, daß ihre Namen im Buch des Lebens verzeichnet seien. Deshalb dürfen und sollen sie sich - ***und dürft und sollt auch ihr euch*** - freuen.

Immer wieder dasselbe sagt Paulus. Hier wiederholt er sich ein weiteres Mal.

Aber warum auch nicht?!

Was in Philippi aus einem Senfkorn gewachsenen ist, gleicht vielleicht noch nicht einem Baum, in dessen Zweigen die Vögel nisten, aber es kann sich sehen lassen. Paulus ist stolz -nein: er ist dankbar für die Früchte, die seine Predigt trägt, und voller Freude darüber, daß eine Keimzelle der Erwartung entstanden ist auf die Wiederkunft des Herrn.

> Liebe Geschwister, das klingt ein wenig nach den kirchenpolitischen Tönen der letzten Jahre. Zumindest ist ein Anklang an eine offenbar modern gewordene Kosten-Nutzen-Rechnung nicht ganz zu überhören. Aber lassen Sie uns darauf später zurückkommen, denn Paulus scheut sich auch im Schlußkapitel nicht, seine eigene Person ins Spiel zu bringen.

Mit den Worten, die uns als "Kanzelsegen" vertraut geworden sind, wendet sich Paulus seinen Philippern seelsorglich zu, spendet gleichermaßen Trost in der Bedrängnis wie er stets aufs Neue einen Ansporn gibt zum Festhalten am einmal eingeschlagenen Weg: Der Friede Gottes, der allen Verstand überragt, wird eure Herzen und Gedanken bewahren im Messias.

Zwischen diesen Friedensgruß und einer ähnlichen Formulierung in Vers 9 - der Gott des Friedens wird mit euch sein - bringt Paulus einen sogenannten "Tugendkatalog" unter, den wir ein wenig näher betrachten wollen:

Sonst, Brüder, was alles getreu ist, was alles Gottes würdig ist, was alles bewährt, was alles rein, was alles der Freundschaft dient, was alles Gutes verheißt, wenn irgendein Lobpreis, wenn irgendein Loben, das erwägt.

Was ihr sowohl gelernt als auch angenommen, sowohl gehört als auch durch mich gesehen habt, das praktiziert.

Wie wir wissen war Paulus ein Mann *jüdischer* Abstammung, *griechischer* Bildung und *römischer* Staatsbürgerschaft. Doch wenn man einen solchen kleinen Bibelabschnitt vor sich hat, die Verse übersetzen und deuten möchte, muß man sich entscheiden, ob das Gewicht eher bei der klassischen Antike liegen soll oder bei den biblischen Bezügen.

So wie etliche unter uns in Schule und Studium geprägt wurden, liegt es näher - oder ist zumindest leichter -, Paulus mit der altphilologisch-philosophischen Lupe zu betrachten. Seine Wortwahl würden wir dann vorzugsweise im Deutschen mit Begriffen wiedergeben wollen, die vor dem Hintergrund des Altertums und seiner maßgeblichen humanistischen Werte verständlich sind.

Da Paulus hier Formulierungen gebraucht, die von seinen sonstigen Gepflogenheiten abweichen, könnte man noch mehr zu einem solchen Vorgehen geneigt sein.

Man kann aber ebenso - immer wieder - sich klarzumachen versuchen, daß der Apostel hier zwar zu biblisch Ungebildeten spricht, dies jedoch in einer Weise, die den *Zusammenhalt* zwischen Juden und Heidenvölkern *im Messias* betonen möchte.

Sämtliche hier verwendeten Adjektive haben einen religiösen Hintergrund - auch wo dieser längst nicht mehr mitgehört wird. Angefangen mit dem üblicherweise als "gerecht" übersetzten Wort *díkaios* bzw. *alethees*, das man wunderbar auf das hebräische *zadik* zurückführen und dann als "bewährt", "wahrhaftig" oder "treu" übersetzen kann, bis hin zur *aretee*, die man als humanistisch Gebildeter "Tugend" nennen möchte.

Das wäre dann gerade *keine* spezifisch religiöse Vokabel. Anders sieht es freilich aus, wenn wir uns darauf besinnen, daß es in der Heiligen Schrift *keine größere Tugend* gibt als das Lob Gottes, weswegen fast alle Gebete mit dem Lobpreis beginnen und enden. Auch am Ende der Ausführungen eines Lehrers pflegte der Lobpreis Gottes zu stehen. Und schließlich wird der Name Gottes oft genug - statt ihn etwa direkt zu nennen - mit der formelhaften Wendung umschrieben: "Gelobt sei der Name des Herrn!"

All diese Beobachtungen sprechen meines Erachtens dafür, *sich für den biblischen Bezug zu entscheiden*: Israel lobt Gott mit Worten und Taten. Das soll nun auch die messianische Gemeinde in Philippi tun als Vorbotin des neuen Israel aus Juden und Heiden, die sich auf den Messias gründen.

Nun aber folgt etwas Kurioses, und wir begegnen dem nicht zum ersten Mal: Paulus beruft sich bei seiner Ermahnung nicht nur auf die schon geschehenen Lernschritte der Gemeinde, sondern ausdrücklich auch auf *sein eigenes Beispiel*: Was ihr durch mich gesehen habt, das praktiziert.

Eine alte Pädagogenweisheit warnt: "Was nützt der beste Unterricht - die Kinder machen uns ja doch alles nach!" Das gilt insbesondere im Hinblick auf Tugenden und Laster. Der erhobene Zeigefinger beispielsweise, der vom Rauchen abhalten will, bringt gar nichts, wenn die andere Hand eine Zigarette hält.

Insoweit leuchtet die Logik des Paulus durchaus ein.

Aber ein wenig befremdet ist man dann doch, wenn jemand so gar keine Scheu zu haben scheint, mithilfe des Eigenlobes andere zu motivieren. Das wirkt doch ein bißchen peinlich auf uns, die wir gelernt haben, auf die Sache zu sehen statt auf die Person, und es *anderen* zu überlassen, uns für eine Belobigung vorzuschlagen...

Doch Paulus ist weder eitel noch fehlt ihm das rechte Taktgefühl, sondern er ist mit den Philippern innig vertraut: Sie haben an ihm als lebendigem Anschauungsobjekt sehen und also lernen dürfen, was es heißt, so zu leben, wie es Gott gefällt. Und sie haben sich dankbar erwiesen, indem sie sich des Lebensunterhaltes ihres Lehrers angenommen haben.

Es besteht also eine Art wechselseitiges Abhängigkeitsverhältnis, auch wenn Paulus betont, daß es ihm nicht um Materielles ging, da er beides - Hunger ebenso wie Überfluß - kenne und an beides gewöhnt sei.

Auch solch ein Reden hätte bei uns wieder einen gewissen Geschmack - zumal ja tatsächlich eine gewisse Parallele zwischen dem Apostel und heutigen Pastoren darin besteht, daß die einen wie der andere den Gemeindegliedern auf der Tasche liegt.

Paulus drückt sich ein wenig verschwurbelt aus, aber man kann direkt auf den Gedanken kommen, zwischen ihm und der Gemeinde in Philippi habe es eine Art Vertrag gegeben - so jedenfalls liest sich Vers 15: Nicht eine Ekklesia ist mit mir übereingekommen auf Rechnung des Gebens und Nehmens als ihr allein.

Wenn er aber - bei aller Dankbarkeit für die erfahrene Hilfe - so vehement den Gedanken abwehrt, der sich bei uns mit dem Stichwort "Fernsehprediger" einstellt, dann ist die Gewinn-und-Verlust-Liste, auf die ich nun endlich zu sprechen kommen will, wohl doch ein wenig anders zu verstehen als das in kirchlichen Strategiepapieren durchscheint, die wohl nicht nur das Vokabular, sondern auch die Logik neoliberaler Unternehmensberater enthalten.

Paulus zumindest unterstreicht: Nicht daß ich die Gabe suche, sondern ich suche die Frucht, die sich auf eure Rechnung hin anhäuft. Der Apostel hat Erfahrungen mit dem Geldverdienen; zumindest zeitweise hat er ein Handwerk ausgeübt. Aber er ist sich zugleich dessen bewußt, seine Missionstätigkeit viel intensiver ausüben zu können, wenn er für diesen Dienst von der Sorge um den Lebensunterhalt freigestellt ist.

Eben dies ist ja auch das Modell der quasi verbeamteten Pfarrerinnen und Pfarrer. Ich sehe hier aber doch noch mal einen Unterschied zu den PR-Überlegungen kirchenleitender Stellen. Denn während man früher etwa von den Erträgen kirchlichen Landbesitzes lebte, d.h. den Fortgang kirchlichen Lebens sicherstellte, scheint es mir heute manchmal so, als versuche sich Kirche als Dienstleisterin AM MARKT zu behaupten - was deswegen gefährlich und falsch ist, weil jener Dienst, den wir zu tun haben, die Verkündigung der Liebe Gottes in Jesus Christus ist - und das kann nur gratis geschehen.

Wenn wir aber verkaufen, was sich *zu Geld machen* läßt - stimmungsvolle Feiern in weihevollen Gebäuden oder was es auch sei -, dann handeln wir nicht mehr als die ehrlichen Makler der Frohen Botschaft, sondern aus Selbsterhaltungstrieb, der uns aber letztlich nimmt, worüber wir ohnehin nicht verfügen.

So wie Paulus selbst materielle Notzeiten ebenso überstanden hat wie er zu anderen Zeiten die Korruption römischer Beamter auszunutzen verstand, werden auch die Anhängerinnen und Anhänger des Messias in Philippi erleben: Gott wird allen euren Bedarf ausfüllen nach seinem Reichtum in Ehre im Messias Jesus.

Das klänge nach billiger Vertröstung, wenn wir nicht erstens wüßten, daß Paulus und die Christen in Philippi einander beim Wort nehmen, und zweitens, daß es hier gar nicht darum geht, Menschen mit guten Worten über eine Krise hinwegzuhelfen, sondern ihnen Mut zu machen, den vielversprechenden Weg weiterzugehen, den sie begonnen haben.

Das nehmen wir Nachgeborenen für uns auch gern mit nach Hause - nein, besser nicht nach Hause, sondern in die gelebte Gemeinschaft, in das Gemeindeleben, in den Gottesdienst, in die Feier des Herrenmahls, in Gespräche und Gebet und Gesänge!

Der Gruß des Paulus an alle Heiligen - wir wissen: damit sind alle gemeint, die zur Gemeinde gehören - sei Euch, liebe Schwestern und Brüder, abschließend noch einmal zugewandt, und ich schließe mit den Worten des Apostels: Die Gnade des Herrn Jesus Messias sei mit eurem Geist.

AMEN.

So. n. Weihnachten, 27. Dezember 2009

Liebe Gemeinde, die Epistel für den heutigen Sonntag nach Weihnachten, in diesem Jahr zugleich Predigttext, steht im ersten Brief des Johannes, Kapitel 1. Im griechischen Text sind diese Briefeingangsverse kompliziert, und sie bleiben auch in den meisten Übersetzungen ziemlich unverständlich. Ich lese deshalb jetzt die Übersetzung von Jörg Zink aus den 60er Jahren des 20. Jahrhunderts, die ein wenig vereinfacht:

Mit eigenen Ohren hörten wir, mit eigenen Augen sahen wir, was vor Anfang der Welt war. Wir schauten es und betasteten es mit eigenen Händen: das Wort, aus dem das Leben hervorgeht.

Das Leben ist erschienen. Wir haben es gesehen und bezeugen und verkündigen es euch: das uranfängliche Leben, das beim Vater war und uns erschien.

Was wir sahen und hörten, das zeigen und sagen wir euch, damit auch ihr mit uns Gemeinschaft habt. Wir meinen aber die Gemeinschaft, die uns mit dem Vater und mit Jesus Christus, seinem Sohn, verbindet.

Und das alles schreiben wir euch, damit unsere Freude voll ist.

Liebe Schwestern und Brüder, wo sind wir nicht überall mit unseren eigenen Augen und Ohren dabei: Kaum ein Ereignis von Bedeutung, das man nicht per Fernseh-Liveübertragung oder via Internet direkt ins Wohnzimmer übertragen bekommt. Ob Naturkatastrophe oder politischer "Erdrutsch" - fast immer sitzen wir "in der ersten Reihe", um das Weltgeschehen mitzuerleben.

Was nicht von Augenzeugen beglaubigt wird, gilt als Gerücht; eine "Zeitungsente" ist ursprünglich keine Falschmeldung gewesen, sondern lediglich N.T. - *non testatum*, nicht bezeugt.

Das NT, das Neue Testament, will nun aber auf gar keinen Fall eine "Ente" sein, deshalb wird eine Wolke von Zeugen aufgeboten, die Glaubwürdigkeit des Berichteten zu gewährleisten.

Aber was sind das für Gestalten?! Etwa die Hirten auf dem Felde, die allerersten Zeugen der Geburt des Gottessohns: So wenig Ansehen besaßen sie unter ihren Zeitgenossen, daß ihr Wort vor Gericht nichts galt - dennoch bezieht Gott sie ein in seinen Heilsplan, legt die Ausbreitung der Kunde vom Licht der Welt in die Hände derart zwielichtiger Geschöpfe!

Am leeren Grab ist es kaum besser: Den Frauen mag auch niemand glauben - die erzählen einfach zu viel, wenn der Tag lang ist, meinen Petrus und seine Mannen.

Und nun dieser Johannes: Zeitgenosse Jesu zu sein gibt er vor; dabei darf als sicher gelten, daß dieser Brief erst um die Jahrhundertwende verfaßt wurde; deutlich sind die Bezüge zum Johannesevangelium, des mutmaßlich spätesten der vier, das etwa am Ende des ersten christlichen Jahrhunderts entstand.

Und dann der verworrene Weg bis in unsere deutschen Bibelausgaben: Über handschriftliche Kopien mit all den sich dabei einschleichenden Fehlern, Textvergleiche und schließlich interpretierende Übersetzungen bis hin zu unseren Ohren und Herzen - hoffentlich!

Denn das, was hier so eindrücklich bezeugt wird, ist ja nicht *irgendeine Nachricht*, sondern eben **Gottes Gute Nachricht für uns**: Das Wort, das uns das Leben bringt, ist "Fleisch geworden" in Jesus Christus, geboren von einer jungen Frau: ein Mensch.

So erscheint Gott unter uns, ja, das Leben selbst ist sichtbar geworden; der Anfang ist gemacht. Das Leben liegt nicht ***vor*** uns, als ein Ziel, das wir erstreben, für das wir erst noch uns abstrampeln müssen, sondern ist bereits mitten unter uns, als Gabe Gottes, auf die wir schon voller Freude zurückblicken dürfen, auf die wir uns beziehen können: auf diesem Grund können wir stehen.

Dies Leben, von dem wir herkommen, hat Gottes Namen, heißt Jesus Christus. Sein Erscheinen ist das Offenbarwerden jenes Lebens, wie es von Gott her gemeint und gewollt ist von allem Anfang an.

Weihnachten klingt gerade allmählich aus - es kann ja auch nicht ewig Festtag bleiben. Doch wir dürfen uns - jetzt und jederzeit - des Neubeginns vergewissern, der in der Krippe in Bethlehem liegt.

Freilich: der große Name erscheint in sehr niederer Umgebung; der Sohn des Höchsten: im Abseits geboren. Weder im überfüllten Bethlehem, noch später, unterwegs von einem galiläischen Dorf zum anderen, in Worten und Taten Gottes Willen verdeutlichend, hatte er einen Platz, sein Haupt hinzulegen und Ruhe zu finden vor denen, die ihm nach dem Leben trachteten.

Jenes Leben, das sichtbar geworden ist in ihm - von wenigen nur erkannt, von wenigen nur gewollt und angenommen. Denn es stand zu sehr im Widerspruch zu all dem, was Menschen sich für ihr Leben erträumen: Genuß, Einfluß, Muße, Unabhängigkeit - "Sein eigener Herr sein", wie wir kurz sagen.

Er, *der unser Herr wurde, indem er Gott diente und für uns litt*, setzte sich dem Spott der Leute aus, der Verfolgung, der Folter, dem Tod. - "Schön blöd, sein Leben zu verschleudern für die undankbare Meute!" So dachten viele - und wandten sich ab: nicht, weil sie die Grausamkeit des Kreuzes unerträglich fanden, sondern weil sie enttäuscht waren von einem Gott, der sich jeder Machtmittel entäußert.

Doch nicht **alle** blieben *un*dankbar. Menschen, die durch ihn den Zugang fanden zu Gott und ihren Mitmenschen, die haben bezeugt: In **diesem** ist das **Leben** sichtbar geworden. Und haben angefangen, davon zu erzählen, die Gute Nachricht auszubreiten. Gewiß: nach den Kriterien der Geschichtsforschung Berichte auf wackligen Beinen - Gerüchte mehr als Geschichte. Und doch Zeugnisse neuen Lebens, das ER geschenkt hat...

Lassen *auch wir* uns beschenken mit diesem neuen Leben, liebe Geschwister?

Wenn wir uns vor Augen halten, wie sehr wir auf die Zukunft orientiert sind, dann müssen wir uns eingestehen: eigentlich nicht.

"Nur wer die Zukunft plant, hat eine", las ich mal einen Werbeslogan. Oder: "Wer mit 40 vernünftig ist, kann mit 60 verrückt spielen."

Immer wieder wird mir eingeredet: **Jetzt** mußt du die richtigen Entscheidungen treffen, dann ist dein Leben ***morgen*** gesichert.

Da ist ja auch was unbestreitbar Wahres dran: Sogar denjenigen, die vom Arbeitsprozeß ausgesperrt sind und sich umso mehr Sorgen machen darüber, was aus ihnen werden soll, wenn sie das Alter erreicht haben, in dem normalerweise der Ruhestand beginnt, wird Altersvorsorge in allerdings eng gezogenen Grenzen zugestanden.

Nur eben: Das ist nicht mehr als eine Teilwahrheit, denn man kann das Leben nicht gänzlich auf morgen oder übermorgen verschieben und ausschließlich mit Vor-Sorge zubringen.

Eine Liedzeile kommt mir in den Sinn: *Life is what happens to you while you're buisy making other plans* - Leben ist, was geschieht, während du damit beschäftigt bist, weitere Pläne zu machen.

Generationen von Zuwanderern haben ihre Lebenszeit damit zugebracht, von Zuhause zu träumen, während sie Kälte, Fremdheit und Ablehnung hinnahmen, um das Geld zusammenzusparen, mit dessen Hilfe sie in der Heimat Wohlstand und Anerkennung genießen würden - und sind dann doch nicht zurückgekehrt, weil das Geld nicht reichte, weil es ihre Gesundheit nicht zuließ, weil ihre Kinder mittlerweile in Deutschland geheiratet hatten oder schlicht, weil ihnen das Geburtsland fremd geworden war...

Wenn die Wochen des grauen Einerleis nicht enden wollen, dann tröstet mich die Vorfreude auf den nächsten Sommerurlaub. Aber die Tage, die vergehen müssen, ehe die "schönste Zeit des Jahres" für mich anbricht, sind ebenfalls meine Lebenszeit, Gottes Gabe, die ich geringschätze, wenn ich nur von einem Highlight zum nächsten unterwegs bin.

Das Leben ist sichtbar geworden, schreibt Johannes. Und diese Erkenntnis will er mit anderen teilen, damit auch sie jene Freude erleben, daß Gott mitten unter uns ist. Mit anderen Worten: Warte nicht auf bessere Zeiten, sondern ergreife das Leben, laß dich mit etwas beschenken, das nicht greifbar, aber dennoch da ist: mit dem Jetzt, mit dem Heute, mit der Gegenwart!

Das nicht Geplante, das Geschenkte, Spontane, Improvisierte - vielleicht haben Sie das jetzt an der Feiertagen erleben dürfen - ist oftmals dasjenige, was den stärksten Eindruck hinterläßt: Da waren auf einmal viel mehr Leute der Einladung gefolgt, als je zu erwarten gewesen wäre - eigentlich das gefürchtete Chaos! -, doch dann zeigte sich, daß noch in der kleinsten Hütte Raum ist, wenn man nur will.

Komischerweise - ich erinnere mich an die oft mühsamen Verwandtenbesuche in der DDR während meiner Kindheit und Jugend - komischerweise kam dann die beste Stimmung auf, wenn vor lauter Platzmangel - wir waren eine sehr große Familie - der geordnete Ablauf einer festlichen Begebenheit wie etwa einer Konfirmation längst nicht mehr möglich war.

Das Leben ist sichtbar geworden, ganz konkret und in aller Begrenztheit. Das Leben ist erschienen, und es ist die Frage, ob wir es ergreifen wollen, heute, jeden Tag - da, wo wir ihm begegnen.

Es muß ja vielleicht nicht so weit gehen, daß ich meine vorausschauende, auf Sicherheit bedachte Lebensweise aufgebe zugunsten einer Spontaneität, die schon an Verantwortungslosigkeit grenzt.

Aber vielleicht gelingt es wenigstens in manchen Bereichen, daß ich ablasse von alten Gewohnheiten und Zwängen und mich einlasse auf den, der mir das ewige Leben schenkt; Leben, das mich lebendig macht, das Leben stiftet und den Tod überwindet, Leben aus Gott und auf Gott hin. Leben, das nicht vor dem Nichts steht, sondern vor dem Nächsten, das nicht das Seine sucht, sondern die Gemeinschaft.

Was wir wirklich glauben, zeigt sich - ob wir das wollen oder nicht - an der Art und Weise, wie wir unsere Tage zubringen.

Worauf setzen wir in unserem Leben? - Gott lädt uns ein, auf **ihn** zu setzen, auf das Kind in der Krippe, den Mann am Kreuz. Er bietet uns Gemeinschaft mit ihm und dem Sohn, Gemeinschaft mit allen, die sich auf ihn verlassen, verspricht uns, daß unsere Freude voll werde.

Laßt uns nun, liebe Schwestern und Brüder, den weihnachtlichen Lobgesang fortsetzen - nicht nur mit unseren Liedern, sondern auch mit dem Nachhall in unserem Leben in der verheißenen Freude!

AMEN.

Quasimodogeniti, 15. April 2007

Liebe Gemeinde!

Heute ist Quasimodo geniti oder auch der "weiße Sonntag", ein traditioneller Tauftermin eigentlich, wo man in der Kraft der Auferstehung Christi einen neuen Anfang zu machen wagte, wo man die Gelegenheit gern ergriff, im Lichte von Ostern das Dunkle hinter sich zu lassen im Vertrauen auf Gott.

Nun: Wir haben heute keine Taufe im Gottesdienst, aber die Frage nach dem Leben im Licht stellt sich immer wieder - ganz besonders an einem Tag im Kirchenjahr, der von Neugeborenen spricht, die eben erst das Licht der Welt erblicken...

Es gibt, so die Überlieferung, zwei Wege aus der Dunkelheit: Entweder du machst Licht dort, wo du bist, oder du gehst in die Sonne.

In der Bibel wird das Stichwort "Licht" unzählige Male verwendet; soweit ich sehe, durchgängig positiv. Das fängt mit der Schöpfung an ("Es werde Licht - und es ward Licht"), reicht über den berühmten Psalmvers ("Dein Wort ist meines Fußes Leuchte und ein Licht auf meinem Weg") bis hin zum Bild vom "Licht der Welt" für Jesus Christus oder seinen Zuspruch an die Jüngerschaft: "Ihr seid das Licht der Welt".

Auch der Apostel Johannes verwendet die Licht-Metapher, als er zu Beginn des zweiten Jahrhunderts an seine Gemeinde schreibt:

Dies ist die Botschaft, die wir vom lebendigen Wort gehört haben und euch verkündigen: Gott ist Licht, und in diesem Licht ist überhaupt keine Dunkelheit.

Wenn wir sagen, daß wir Gemeinschaft mit Gott haben, und doch der Dunkelheit entsprechend leben, lügen wir und handeln nicht wahrhaftig.

Wenn wir aber dem Licht entsprechend leben, weil Gott im Licht ist, haben wir Gemeinschaft miteinander, und das Blut Jesu, des Erwählten Gottes, wäscht alles Gottferne von uns ab.

Wenn wir sagen, daß wir nicht von Gott getrennt sind, betrügen wir uns selbst, und die Wahrheit ist nicht in uns.

Wenn wir aber bekennen, daß wir Gott fern sind, dann ist Gott treu und gerecht und hebt die Trennung auf und reinigt uns von allem Unrechttun.

Wenn wir sagen, daß wir nicht fern von Gott sind, behaupten wir, daß Gott lügt, und sein Wort ist nicht in uns.

Liebe Schwestern und Brüder, in Zeiten von Lichtgeschwindigkeit und Atomblitzen ist die Freude am Licht nicht mehr ganz so ungetrübt wie einst. Was für die ersten Christenmenschen unübertroffene Stahlkraft besaß, wird uns zur Frage: Gott ist Licht, und in diesem Licht ist *überhaupt keine Dunkelheit.* - Was will Johannes mit diesem Satz erklären oder auch richtigstellen?

- Daß Gott nur gut ist (oder nur *gütig*), daß er reine Energie sei oder über jeden Zweifel erhaben, oder daß sein Wille eindeutig und für alle leicht zu erkennen wäre?

Das mögen unsere Fragen sein.

Der Apostel aber hat, wie es scheint, *gar nicht die Absicht*, Aussagen über Gottes *Wesen* zu machen. Seine Botschaft ist viel schlichter, aber zugleich sehr grundsätzlich. Gott ist Licht, heißt: Gott begegnet uns, trifft uns wie das Licht - hell und freundlich, mit strahlendem Glanz; aber auch glühend, gleißend, grell.

Wenn die Sonne scheint, wie das in den vergangenen Frühlingstagen ja reichlich der Fall war, freuen sich die meisten über die Wärme, während einige durchaus über die ungewohnte Hitze stöhnen. Der eine genießt nach dunklen Wintermonaten die strahlende Helligkeit, der andere schimpft über das grelle Licht, das ihn nötigt, eine Sonnenbrille aufzusetzen.

Gott ist Licht, strömt auf uns ein - und eine Weile lassen wir uns das wohl alle gern gefallen. (Auch ich lasse mir gern die Sonne auf den Pelz brennen; freilich nur wohldosiert, schließlich ist es nicht angenehm, gleich einen Sonnenbrand davonzutragen.)

Doch schwer zu ertragen ist unter Umständen jenes Licht, das von Gottes Wort ausgeht. Denn es ist kein Licht, das man in Ruhe betrachten könnte - und wenn man davon genug hat, dann wendet man sich einfach wieder ab... Nein, es ist ein Licht, das uns überaus unruhig macht, weil es uns trifft wie ein Scheinwerfer: Plötzlich stehen wir in Gottes Rampenlicht.

Ich habe einmal diese Perspektive eingenommen und mußte feststellen, daß es äußerst unangenehm sein kann, auf einer Bühne im hellen Scheinwerferlicht zu stehen: Ich selber sehe zwar kaum etwas, aber die Augen der anderen sind auf mich gerichtet, und ihrer Aufmerksamkeit entgeht nichts.

Sicher, wir können (wie kleine Kinder, die sich verstecken wollen) einfach die Augen schließen. Aber was würde das ändern?! Gott wendet sich nicht ab, bleibt mit seiner Aufmerksamkeit bei uns.

Doch das Licht Gottes, das uns in Jesus Christus leuchtet, will ja nicht nur *be*leuchten, sondern auch *er*leuchten. Wie Gott ganz Licht ist und keinerlei Dunkelheit in ihm, so sollen *auch wir* ganz von seinem Glanz erhellt werden.

Doch wer läßt es so weit überhaupt kommen? Setzen wir nicht lieber vorsichtshalber unsere Schutzbrillen auf und verbergen uns hinter Schutzschirmen, verkriechen uns in den Schatten, wo wir ganz sicher sind vor Gottes Suchscheinwerfern?!

Wer erst einmal einen sicheren Schlupfwinkel gefunden hat für das, *was Gott besser nicht zu Gesicht bekommen soll*, der ist dann aus dieser vermeintlich sicheren Entfernung heraus vielleicht daran interessiert, mit Gott auf seine Weise Gemeinschaft zu haben.

Aber, so mahnt Johannes: **Wenn wir sagen, daß wir Gemeinschaft mit Gott haben, und doch der Dunkelheit entsprechend leben, lügen wir und handeln nicht wahrhaftig.**

Und dabei ist es nebensächlich, wie viele moralische Verfehlungen Gott oder wir selbst uns vorzuwerfen haben. Die Tatsache allein, daß wir etwas zu verbergen haben und vor Gott verbergen *wollen*, macht diese Lüge, diese Lebenslüge aus.

Gott hat uns doch bereits ins rechte Licht gerückt! Er hat uns in Jesus Christus, dem Licht der Welt, Gemeinschaft mit sich geschenkt. Das wahre Licht scheint schon hinein in unsere Dunkelheit; und seitdem dieses Licht zu uns gekommen ist - wo immer wir uns auch versteckt halten - lautet die Frohbotschaft: DAS LICHT SCHEINT IN DER FINSTERNIS.

Ist also die Flucht in die Finsternis bei Licht besehen unsinnig und unmöglich, so müssen und sollten wir unsere Scheu vor dem Licht überwinden; und Johannes verheißt uns: **Wenn wir aber dem Licht entsprechend leben, weil Gott im Licht ist, haben wir Gemeinschaft miteinander, und das Blut Jesu, des Erwählten Gottes, wäscht alles Gottferne von uns ab.**

Darauf also will Gott hinaus: Wir dürfen und sollen den Weg ins Licht der Gnade Gottes suchen, so wie wir sind, mit allen offenbaren und verborgenen Fehlern und Verfehlungen - und nicht *nur* oder *erst* als die Reinen, Makellosen.

Dafür ist Jesus gestorben und auferweckt worden: Um die Barrieren zwischen uns und Gott wie auch die zwischen uns Menschen niederzureißen, Gemeinschaft möglich zu machen. Aber jetzt muß alles ans Licht! Solange es etwas zu verheimlichen gibt, solange wir Angst haben , daß da noch eine unangenehme Seite an uns entdeckt werden könnte, solange sind wir noch nicht im Licht, sondern die Trennung von Gott hält an.

Zachäus getraute sich, die Wahrheit zu sagen über seine Vergangenheit, weil Jesus ihm Zukunft verhieß. Nimm du mich in dein Haus auf - der, den keiner haben wollte (weil er sich außerhalb der Regeln des frommen Anstands bewegt hatte), sollte nun den Ehrengast beherbergen. Ausgerechnet jener, der was auf dem Kerbholz hatte, der einzige, der sich nicht damit brüstete zu sagen: *Ich habe keine Sünde.*

Wenn wir sagen, daß wir nicht von Gott getrennt sind, betrügen wir uns selbst, und die Wahrheit ist nicht in uns, mahnt Johannes. Gerade der Stolz derer, bei denen äußerlich alles in Ordnung ist, die sich nichts haben zuschulden kommen lassen, gerade ihre Ablehnung des sündigen Zöllners ist es, was die Gemeinschaft untereinander zerstört. Und selbst wenn man sich nicht für fehlerfrei hält: Da findet sich immer noch einer, der auf der moralischen Meßlatte einen niedrigeren Wert erzielt, auf den man mit mehr oder weniger Verachtung herabblicken kann - wenn man ihm nicht gönnerhaft anbieten möchte, den Splitter aus dem Auge herauszuziehen (obwohl man selbst ein Brett vor dem Kopf hat).

Johannes hält dagegen: *Wenn ihr so rechnet, lügt ihr euch in die eigene Tasche!* Sind denn die Sünden wirklich immer nur bei den anderen zu finden? Dan wäre es leicht, allzu leicht, gegen die Sünde Partei zu ergreifen und den Schuldigen zu ächten wie Zachäus.

NATÜRLICH sind wir alle gegen Gewalt und Ausländerhaß... Und wie das schon aussieht: Bomberjacken und Springerstiefel! Aber andererseits: *Gerufen* haben wir die Ausländer auch nicht; was sich da in Jahrzehnten entwickelt hat an islamischen Parallelwelten, haben wir so auf keinen Fall gewollt - und da unterschreibt man dann schon mal für "Kinder statt Inder", selbst wenn man bequemerweise selber keine haben möchte, und wegen der fehlenden Fachkräfte auch Einheimische nicht jene Chancen bekommen, die sie eigentlich haben könnten...

Ja, es ist schon ein Kreuz: SELBSTVERSTÄNDLICH erheben wir Einspruch gegen Umweltsauereien. Aber soll ausgerechnet unsere Wirtschaft dafür bluten, und andere lachen sich ins Fäustchen und machen weiter wie bisher? Also muß man schon mal über seinen Schatten springen und deutsches Geld für Staudammprojekte bewilligen, die nicht einmal von der Weltbank befürwortet wurden. Ökologisch korrekt handeln, Generationengerechtigkeit demonstrieren kann man immer noch an anderen Punkten, wo es weniger wehtut.

NATÜRLICH haben wir unsere Prinzipien, SELBSTVERSTÄNDLICH haben wir ein Koordinatensystem abendländischer Werte, liebe Gemeinde - keiner will etwas Finsteres tun, nicht einmal ein Nazi-Mitläufer, aber alle müssen irgendwie, so auch ein Marinerichter in den letzten Kriegstagen. Schuld sind eigentlich immer die anderen.

In alledem handeln wir nicht wahrhaftig, und wir wissen, daß es so ist. Wir betrügen uns selbst, wenn wir meinen, die selbstgezogenen Grenzlinien zwischen erlaubt und verboten seien die einzig möglichen oder gar jene, die Gott geboten hat!

Im Grunde schützen wir so nur unseren Egoismus, suchen Schutz gegen die Anfechtung; wir bleiben lichtscheu.

Unsere verdrängte Schuld, unsere versäumten Chancen bringen wir nicht an den Tag. Mit ihnen aber leugnen wir ein Stück von uns selbst und hindern uns so daran, die zu sein, als die wir von Gott angenommen sind.

Wenn wir aber bekennen, daß wir Gott fern sind, dann ist Gott treu und gerecht und hebt die Trennung auf und reinigt uns von allem Unrechttun. Dazu ist er ja gekommen: um uns erkennen zu lassen, wie es um uns steht.

Zachäus hat das begriffen: Jesus nimmt die Sünder an. Jetzt haben die vermeintlich Gerechten das Nachsehen. Ihnen - und so vielleicht auch uns - bleibt nur das Bußgebet:

> Herr, vergib mir! Ich habe dein Licht nicht gesehen, nicht sehen wollen. Ich war verblendet vor Selbstgerechtigkeit.

Gott ist treu und gerecht. Gottes Gericht bringt uns zurecht, richtet uns auf, richtet uns aus auf den Nächsten: auf den Unterdrückten, daß wir ihn aufrecht stehen lassen; auf den Unbeugsamen, daß wir ihn mit seinem Unrecht konfrontieren.

Gott reinigt uns von allem Unrechttun - nicht von allen Unrechttätern. Sie müssen wir weiterhin ertragen... Nicht, indem wir unsere Gerechtigkeit dagegenhalten - die ist so brüchig, so vorläufig, so wenig tragfähig -, sondern indem wir SEINE Gerechtigkeit bekennen: Die tödliche Sündenmacht ist gebrochen, das Unrecht hat keine Zukunft mehr; nicht unsere Gerechtigkeit, aber SEINE Gerechtigkeit siegt, besiegt den Hochmütigen.

Wenn wir sagen, daß wir nicht fern von Gott sind, behaupten wir, daß Gott lügt, und sein Wort ist nicht in uns. Lug und Trug wäre es dann nämlich zu behaupten, Jesus Christus sei gestorben, um uns das Leben zu schenken bei Gott, dem Ewigen.

Liebe Geschwister, auch wenn aktuell kein Täufling unter uns ist - die Taufe steht ja zum Beispiel für unsere Konfirmandinnen und Konfirmanden auf der Tagesordnung dieser Tage und Wochen. Deshalb, zum Schluß, noch einmal in Kürze:

In der Taufe lassen wir, durch Jesu Tod selbst auch der Sünde gestorben, uns mit Christus begraben, um dann mit ihm aufzustehen zu einem neuen Leben in der Heiligung.

Wir setzen uns also ganz bewußt dem Licht Gottes aus. Zwar werden wir selbst keine Lichtquellen - aber immerhin passable Reflektoren, die anderen Orientierung geben können, solange sie der Berufung gemäß leben und Gottes Licht wiederscheinen lassen.

Auch wenn es so aussieht, als ob Klimakatastrophe und Kriege unsere Perspektive verdunkeln, auch wenn es so scheint, als ob allzu viele sich abgewandt haben von Gottes Licht - uns gilt doch die Verheißung und Sendung Jesu: *Ihr seid das Licht der Welt* - ja, unser kleines Licht *darf und soll* vor den Menschen leuchten, auf daß sie unsere Werke sehen und unseren Vater im Himmel dafür preisen.

AMEN.

22. Sonntag n. Trinitatis, 19. Oktober 2008

Liebe Gemeinde,

ich bin kein Schauspieler; was ich von der Kanzel herab sage, das meine ich auch so, und wo ich „ich“ sage, da rede ich auch in eigener Verantwortung.

Aber jetzt schlüpfe ich doch in eine Rolle - die des Apostels Johannes. Ich leihe ihm meine Stimme und lese aus dem 1. Johannesbrief, Kapitel 2, die Verse 12 bis 17. Das jetzt folgende Ich ist also ein apostolisches Ich, das der Prediger lediglich vorträgt:

Ich schreibe euch, Kinder: Durch Jesu Namen ist eure Gottferne aufgehoben.

Ich schreibe euch Älteren: Ihr habt den Ursprung erkannt.

Ich schreibe euch Jüngeren: Ihr habt das Böse besiegt.

Ich habe euch, Kinder, geschrieben: Ihr habt Gott erkannt.

Ich habe euch Älteren geschrieben: Ihr habt den Ursprung erkannt.

Ich habe euch Jüngeren geschrieben: Ihr seid stark, das Wort Gottes bleibt in euch und ihr habt das Böse besiegt.

Liebt nicht die Welt und nicht, was in der Welt ist. In denen, die die Welt lieben, ist Gottes Liebe nicht.

Denn alles in der Welt: das materielle Verlangen, das Streben nach Äußerlichkeiten und das Protzen mit Besitz, ist nicht göttlich, sondern weltlich.

Die Welt vergeht und ebenso das Verlangen nach ihr – die aber den Willen Gottes tun, bleiben in Ewigkeit.

Liebe Schwestern und Brüder, es hat ganz den Anschein, als seien Familiengottesdienste keine Erfindung der Moderne. Mit großer Sorgfalt spricht der Apostel die Angehörigen der verschiedenen Generationen in unterschiedlicher Weise an.

Trotz aller Begeisterung: Eines habe ich in den älteren Übersetzungen immer vermißt: daß neben den Jünglingen auch die *jungen Mädchen*, außer den Vätern auch die *Mütter* angesprochen werden. Es schien, als sei der sonst so auffallend um Differenzierung bemühte Autor doch noch ganz dem alten Denken verhaftet, demzufolge Frauen nicht als gottesdienstfähig betrachtet und in der Gemeinde eher problematisch gesehen wurden. Oder aber die Übersetzer waren es. Denn siehe da: es geht auch anders! Mit der “Bibel in gerechter Sprache” werden auch die weiblichen Angehörigen der christlichen Gemeinde sicht- und hörbar gemacht.

Sprach ich im ersten Moment so freudig vom Familiengottesdienst, fällt mir ein, daß möglicherweise dieser gute Eindruck täuscht und mit „Kindern“und „Jüngeren“ sowie „Älteren“ doch nicht die Vertreter verschiedener Generationen bezeichnet werden sollen, sondern Abstufungen je nach Dauer der Gemeindezugehörigkeit gemacht werden.

„Kinder“ wären dann - unabhängig vom Lebensalter - die Neugetauften, also Männer und Frauen, die erst kürzlich in die Gemeinde aufgenommen worden sind.

Als „Jüngere“ würden dann diejenigen bezeichnet, die bereits seit einiger Zeit und „Ältere“ jene, die schon seit langem zur christlichen Gemeinde gehören.

Sie alle werden von Johannes an die gemeinsamen Erfahrungen im Kampf mit dem Bösen erinnert. Vielleicht hat es ja Auseinandersetzungen zwischen langjährigen und neuen Gemeindegliedern gegeben, so daß sich Johannes veranlaßt sieht, auf die gemeinsame Basis hinzuweisen und die Gemeindeglieder erneut auf diese Grundlage zu verpflichten:

Liebt nicht die Welt und nicht, was in der Welt ist. In denen, die die Welt lieben, ist Gottes Liebe nicht.

Das sind klare Festlegungen, auf die, glaube ich, eine ganze Reihe frommer Menschen am liebsten verzichten würden. Oder wenn man sie schon nicht ignorieren kann, so lassen sie sich wenigstens individualistisch ausdeuten - so als zeige sich das Böse immer nur am einzelnen und dessen Schwäche, der Versuchung nicht Herr zu werden.

Johannes hat, wie sich zeigt, ein weiteres und grundsätzlicheres Verständnis vom Zustand dieser Welt. Im ersten Kapitel hat er geschrieben: Finsternis ist das Kennzeichen der herrschenden Verhältnisse, Gott dagegen ist Licht.

Diese Erkenntnis wird nun weiter vorangetrieben - und zwar nicht, wie das allzu oft von moralisierenden Christenmenschen betrieben wurde, um die Welt *schlecht* zu machen, sondern um die *drängende Frage* aufzugreifen und zu beantworten: „Wo ist Gott?“.

Nun werden Sie womöglich den Kopf schütteln und im Stillen sagen: „Jetzt kommt uns der Schaar mit solchen Platitüden! Wo Gott ist, das wissen wir doch: Gott ist überall!“

Aus dieser Grundsatzentscheidung heraus wird gern religiös überhöht, was man menschlicherseits für gut und wertvoll hält, was man liebt und worum man sich sorgt. Dann ist Gott als der Segensspender der Garant von Glück und Gesundheit, Wohlstand und Frieden - und zwar ohne dafür irgend eine Gegenleistung zu erwarten, außer natürlich die Anbetung, die Anerkenntnis seiner Herrschaft und Heiligkeit. Ich bekomme das von meinen Schülerinnen und Schülern häufig angeboten und bin mir nicht sicher, ob das purer Opportunismus ist oder - noch schlimmer - das Resultat einer einseitig-naiven religiösen Erziehung, die sie in Elternhaus und Kirchengemeinde bislang genossen haben.

Liebe Schwestern und Brüder, ich gebe zu bedenken, was ich auch in der Schule nicht müde werde zu betonen: Gottes Heiligkeit besteht *gerade darin*, daß er unseren Wünschen - auch unseren frommen Wünschen - nicht verpflichtet ist, sondern frei und souverän an uns und dieser Welt handelt und sich ***gerade darin*** als **HERR** über Leben und Tod erweist.

Wenn Ihnen diese theologische Zuspitzung nicht behagt, möchte ich auf etwas hinweisen, daß wir alle aus dem allgemeinen Sprachgebrauch kennen, nämlich die Wortverbindung „überall - und nirgends“. Wer überall ist, droht letztendlich nirgends auffindbar zu sein.

Lassen Sie mich also ganz grob und direkt fragen: Gibt es Orte, wo Gott ist, und Orte, wo er nicht ist?

Es verbietet sich, diese wichtige Frage etwa aus unserem *Empfinden* heraus beantworten zu wollen; wir müssen uns schon an die Aussagen der Bibel halten, wenn wir verläßliche Informationen suchen.

Aber die Mühe lohnt sich; es gibt derartiges reichlich. Jesus hat es deutlich gesagt: Gott ist dort, wo Menschen Frieden schaffen - das heißt im Umkehrschluß: er ist dort *nicht*, wo Menschen Kriege planen und führen. Gott ist mit denen, die um der Gerechtigkeit willen verfolgt werden - also ist er *nicht* mit denen, die verfolgen und auf Kosten anderer leben. Er ist mit den Friedfertigen und Sanftmütigen - mithin *nicht* mit den Gewalttätigen und Rücksichtslosen. Gott ist dort, wo Hungrige gespeist werden - er ist dort *nicht*, wo ausgebeutet und unterdrückt wird.

Für Jesus also ist es anscheinend klar: Es *gibt* Orte und Gemeinschaften, wo Gott *nicht* ist. Und andererseits gibt es Orte, gibt es Gemeinschaften, wo er ist, wo er Wohnung nimmt, wo man ihm begegnen kann.

Der Apostel Johannes sieht das ganz genauso: In denen, die die Welt lieben , so schreibt er, ist Gottes Liebe nicht.

Warum nicht?

Weil sich bestimmte Lebenseinstellungen und Handlungsweisen gegenseitig ausschließen: Die Gier nach immer mehr, die gierigen Augen, das gegenseitige Sich-Übertrumpfen-Wollen - oder anders ausgedrückt: - das materielle Verlangen, das Streben nach Äußerlichkeiten und das Protzen mit Besitz, ist nicht göttlich, sondern weltlich.

> Übrigens: Falls jemand meint, ich hätte diesen Text herangezogen, weil er so wunderbar deutlich in die aktuelle Situation hineinspricht als kritischer Kommentar zum kapitalistischen System - nein, ich habe mich ganz schlicht an die Perikopenordnung gehalten. Man könnte aber auch sagen: Gott findet immer Mittel und Wege, um seine Botschaft laut werden zu lassen, wann, wo und wie sie gerade verkündigt werden muß.

Für mich ist die Haltung des Apostels, kurz und klar zusammengefaßt, diese: Es gibt einen unauflöslichen Gegensatz in der Grundhaltung von Menschen gegenüber der Welt, in der wir leben: Gott ist nicht Gier, sondern Liebe. Darum ist er dort *nicht*, wo gerafft, gehäuft, erobert wird; er ist statt dessen dort, wo geliebt, geschenkt und befreit wird. Er ist *nicht* in den herrschenden Verhältnissen; er ist da, wo versucht wird, frei, liebevoll, verbindlich und nachhaltig zu handeln, zu leben.

Aus dieser Einsicht heraus haben einzelne Christen, haben Kirchen und hat selbst die Weltgemeinschaft der Christenheit an bestimmten Punkten Festlegungen getroffen, wo es keine Frage des persönlichen Beliebens mehr sein kann, wie man seinen Glauben im praktischen Leben umsetzt.

„Krieg soll nach Gottes Willen nicht sein“, lautet solch eine Grundregel christlicher Ethik, die die Weltchristenheit - fast vergessen - unter der Überschrift „Dekade zur Überwindung von Gewalt“ konkret durchzubuchstabieren unternommen hat, während in der politischen Debatte ja seit Jahren eigentlich nur noch diskutiert wird, ab wann es gerechtfertigt sei, seine Weltordnungsvorstellungen auch mit Mitteln militärischer Gewalt durchzusetzen.

Es reicht nicht, wie das manche tun, die ich nicht zu meinen Freunden und Genossen zähle, es reicht nicht, einen Gegensatz aufzubauen zwischen der - ach so bösen - Welt auf der einen Seite und Gott auf der anderen Seite. Was wäre sonst von dem grundlegenden Satz des Evangelisten Johannes zu halten, der uns verkündigt: Denn so hat Gott die Welt geliebt, daß er seinen Erwählten, sein einziggeborenes Kind, gegeben hat, damit alle, die an ihn glauben, nicht verloren gehen, sondern ewiges Leben haben.?!

Irreführenderweise steht in den gängigen Bibelausgaben als Zwischenüberschrift über unserer Perikope „Absage an die Welt“. Doch das ist, wie wir jetzt spüren, nur die halbe Wahrheit. Gott selbst hat der Welt nicht abgesagt, sondern sich ihr in Jesus Christus liebevoll zugewendet.

Und auch wir Christenmenschen lernen nach und nach (wenn auch sehr spät und unter Mühen), daß wir die Welt und was in ihr lebt, liebhaben sollen, uns um die Schöpfung und unseren Nächsten zu kümmern haben, sie vor Schaden bewahren und ihnen zum Leben verhelfen sollen.

Und eben hier, liebe Geschwister, liegt der eigentliche Gegensatz, auf den Johannes hinaus will: Die menschliche Gier nach immer mehr bedroht Mensch und Natur, sie zerstört das lebendige Verhältnis zu unserem Schöpfer, der uns liebt und alles schenkt, was wir benötigen.

Dieses ständige hastige Habenwollen, das Immer-Mehr ist es, was sich am Ende als großer Trug erweist. Wir erleben das gegenwärtig mit Furcht und Zittern in Angst um unsere Ersparnisse und sind schon wieder in Gefahr, darüber die Nöte der wirklich Bedrängten aus den Augen zu verlieren.

Was bleibt nach dem Kollaps? Übrig bleiben die leeren Hände, mit denen wir in diese Welt gekommen sind; so nackt, wie wir waren, werden wir eines Tages auch wieder gehen. Alles, was uns wichtig schien, vergeht. Wir haben keinen Einfluß darauf.

Bleibend ist allein Gott und sein Wille über uns und unsere Welt. Das öffnet uns einen Weg in die Ewigkeit, und zwar den einzig gangbaren Weg dorthin: Wir können ohne jedes Zögern und Warten damit beginnen, in der neuen Welt Gottes zu leben und somit Anteil zu haben an seiner Herrschaft.

Johannes stellt in seinem Schlußsatz die Alternative noch einmal ganz klar vor Augen: Die Welt des augenblicklichen Genusses vergeht, wer aber den Willen Gottes tut, der **bleibt** bei ihm, dem Ewigen - der hat das ewige Leben, das uns verheißen ist und schon heute beginnt, indem ich Gottes Hand ergreife und mich seiner Führung anvertraue. AMEN.

Christmette, 25. Dezember 1999

Liebe Schwestern und Brüder (aus Nah und Fern)!

"Fürchtet euch nicht! **Siehe**: Ich verkündige euch große Freude..." So hörten wir es gestern wieder und mühten uns, selbst auch Freude zu verbreiten, Freude zu bereiten den Menschen, die wir lieben.

Wir hörten es, sage ich; aber was ***sahen*** wir von all der Herrlichkeit?

Da ist oft nur schwarze Nacht; aber mitten in ihr wird es plötzlich hell, taghell. Darum macht euch die Mühe zu durch-schauen, was vor Augen ist!

Wie sangen wir gestern mit unseren Kindern - im Gottesdienst oder zu Hause?: "Seht, was in dieser hochheiligen Nacht der Vater im Himmel für Freude uns macht!"

Erkennt, welche Freude uns Gott bereiten will!

- Aber woran? Was *gibt* es denn zu **sehen**?

Ein Kind, machtlos, hilflos, geboren in ärmlichen Verhältnissen, so ziemlich am Rande der Welt. Vor langer Zeit. Das ist alles, was der Augenschein erfaßt. Kaum eines zweiten Blickes würdig.

Daher fordern uns die Engel auf, die Sache noch einmal richtig zu betrachten.

Und auf seine Weise tut das auch Johannes in seinem ersten Brief, den wir heute aufschlagen wollen:

Seht, welch große Liebe uns der Vater erwiesen hat, daß wir Gottes Kinder heißen sollen - und wir sind es!
Deshalb erkennt die Welt uns nicht, denn sie hat Ihn nicht erkannt.
Geliebte, wir sind jetzt Kinder Gottes, und es ist noch nicht erschienen, was wir sein werden.
Wir wissen aber, daß, wenn Er erscheinen wird, wir Ihm gleich sein werden, denn wir werden Ihn sehen, wie Er ist.
Und jeder, der diese Hoffnung auf Ihn setzt, heiligt sich, gleichwie jener auch heilig ist.
Jeder, der die Sünde tut, übertritt auch Gottes Gesetz; und die Sünde ist die Übertretung des Gesetzes.
Und ihr wißt, daß Jesus dazu erschienen ist, um die Sünde zu beseitigen. Und Sünde ist nicht in Ihm.
Jeder, der in Ihm bleibt, der sündigt nicht. Jeder, der sündigt, hat Ihn nicht gesehen, noch hat er Ihn erkannt.

Johannes hat etwas ge**sehen**. Nicht als Augenzeuge in Bethlehem, sondern als einer, der von Jesus gehört hat, daß in diesem, in Christus, **Gott Mensch geworden** ist.

An die ersten Seiten der Bibel werden wir damit erinnert, an den Beginn des Bundes, den Gott mit uns Menschen schloß in seiner Schöpfung: Nachdem all das erschaffen war, was Menschen zum Leben nötig haben, spricht Gott: "Laßt uns Menschen machen, ein Bild, das uns gleich sei..."

Doch schon bald darauf hören wir die Stimme der Versuchung: "Ihr werdet sein wie Gott", zischelt es im Garten.

Und wiederum in unserem Text, so viel später, erklingt die Verheißung, daß wir einst Ihm, Christus, gleich sein werden.

Liebe Gemeinde: Behalten wir die Richtung *vom* Himmel *zur* Erde im Auge! Weihnachten wäre ein Ärgernis und falsch verstanden, sähen wir die Mensch-werdung Gottes als eine Vergötzung des Menschen an - denn daß Er sich herab neigt, erhöht uns noch lange nicht!

Dennoch ist Weihnachten ein Ärgernis, weil wir erkennen müssen, daß all unser Streben nach "oben", nach "Höherem" nicht dazu führt, daß wir Ihm, Gott, begegnen; Ihn finden wir in der Krippe, nackt, armselig.

So wenig "göttlich" ist hier der Heilige, daß "ihm gleich" bedeutet: "wahrhaft menschlich". Und wir werden, sagt Johannes, ihm gleich sein, denn wir werden ihn einst sehen, wie er ist. Ich füge hinzu: wenn wir hinsehen.

Vielleicht gehen uns dann die Augen über, weil wir gerade nicht den ganz anderen, den ominösen "Menschensohn" vor uns haben von einer Wolke herabkommend, sondern den jedermann, der uns an jeder Straßenecke begegnet - mehr als uns oft lieb ist.

Zu allen Menschen gekommen, ist der Messias doch nicht *allgemein* Mensch geworden, sondern ein *Mann*, ein *Jude*, ein *Armer*. Es gibt ja auch kein "allgemeines" Menschsein, sondern nur das je persönliche, selbst wenn viele dasselbe Schicksal teilen. Er, Jesus Christus, unser Herr, wurde uns Bruder, teilte das Schicksal der kleinen Leute in Palästina, unter fremder Herrschaft, ausgebeutet, ohne politische und soziale Perspektive; aber mit der Hoffnung, daß Gott die Gewaltigen von Thron stößt und die Elenden erhöht.

Er verbündet sich mit den verbitterten, vereinsamten alten Menschen, die sich von aller Welt vergessen glauben.

Er liegt jetzt in einer Wiege in Grosny, im Kugelhagel...

Gott-gleich-Sein scheint also keine herausragende Qualität, kein Vorrecht zu sein, wenn es denn darin besteht, **wirklich und wahrhaftig als Mensch zu leben** mit, für und mithilfe meines Mitmenschen.

"Wir wissen noch nicht, was wir sein werden." Es steht noch etwas aus, gewiß, und das ist ein Trost. Aber keine *Ver*tröstung, die uns erlaubte, den Wandel zu ignorieren, der sich in Jesus ereignet hat: Gott ist herausgetreten aus der Verborgenheit und Ferne - der Heilige ist Mensch geworden, auf daß wir uns heiligen, ihm gleich zu sein.

Die Verwandlung, die man eben nicht äußerlich "sehen" kann, geschieht von innen her - aus unserer Nähe zu Gott, die wir erfahren dürfen - und muß erst noch Gestalt gewinnen.

Es steht aber auch etwas anderes aus, um das wir, vom Ende des Lebensweges Jesu her, wissen: Ihm gleich zu werden in der Nachfolge, das kann heißen, sich ganz und gar an andere zu verlieren, freiwillig oder gezwungenermaßen in den Tod zu gehen um der Liebe zu den Menschen willen, getragen von der Liebe Gottes, die weiter reicht als von der Krippe bis ans Kreuz, geleitet von seinem Wort, das Gottes Willen bekundet.

„Unmöglich", sagen viel, „diese Gebote einzuhalten!" Wer so redet, sagt im Grunde nichts anderes, als daß Menschsein nicht möglich ist unter Menschen.

Die Sünde, die Gottesferne findet ihren Ausdruck in der Übertretung des Gesetzes, schreibt Johannes. Nicht dieses und jenes biblischen Gebotes, die ja allesamt darauf angelegt sind, menschliches Miteinander zu gewährleisten, sondern im Sinne von Johannes vorrangig *die Mißachtung jenes neuen Gebotes*, das Christus uns gab: daß wir einander lieben sollen.

Wer also hier anbetet und dort kalt vorübergeht, der hat sich bestenfalls für einen Moment anrühren lassen von einem himmlischen Geheimnis, ist jedoch noch in der Sünde und hat Ihn nicht gesehen, noch hat er Ihn erkannt und wird nach Hause gehen von der Erledigung einer religiösen Pflicht oder einer kurzen geistigen Erfrischung ohne Auswirkung auf sein Leben, ohne die Freude, nun Gottes Kind sein zu dürfen.

Diejenigen aber, die etwas ge**sehen** haben, wie etwa die Hirten vom Felde in Bethlehem, wurden sofort aktiv - schwatzender und singender Weise verkündigten sie allen, die es hören wollten oder nicht hören wollten, jene Freude, die ihnen selbst widerfahren war.

Ich bin mir sicher: Von uns werden keine Wunder erwartet. Die Freude, die Gott uns schenkt, soll auch keine Anzahlung auf eine später zu erbringende Leistung sein, mit der sich mancher dann derart quält, daß ihm nicht mehr anzumerken ist, daß **Freude** ursprünglich der Beweggrund für sein Handeln war.

Ein Katalog von Verbotenem mag hier und da nötig sein, das Tun der Sünde einzudämmen. Aber nicht darum geht es eigentlich, nicht um "Moral".

Gott will, daß wir seine Liebeserklärung annehmen: Seht, welch große Liebe uns der Vater erwiesen hat, daß wir Gottes Kinder heißen sollen - und wir sind es!

Sind wir also - quasi von Gott adoptiert -, seine Kinder in der Tat, dann laßt uns das einzige tun, was unserem Vater im Himmel wirklich am Herzen liegt: Daß wir einander lieb haben.

Wir sollen Gottes Kinder heißen - und wir sind es: Alte, Junge, alle Leute, die ihre Hoffnung auf Jesus setzen und sich heiligen, ihm gleich zu sein, nämlich nicht für sich, sondern in Liebe verbunden mit allen Schwestern und Brüdern, an denen Gott sein Wohlgefallen hat.

Seht: Solche Freude verkündigt euch Gott heute!

[Und nun wollen wir die Kerzen entzünden und den Quempas singen!]

AMEN.

Invocavit, 7. März 1992, Ev. Heilandgemeinde, Berlin-Moabit

Der Anfang vom Ende ist das, liebe Schwestern und Brüder, der Anfang vom Ende!

Wessen Ende? - Ich weiß nicht, ob wir darauf aus unserer Erfahrung und unserem Wissen eine eindeutige Antwort geben können.

Unsere Passionslesung - wir haben uns für dieses Jahr vorgenommen, aus der reichen Fülle jene Texte auszuwählen, die sich besonders auch auf die Jünger beziehen -, unsere heutige Passionslesung sagt das Ende des Weges Jesu an.

Und wie die Jünger all die Zeit, während sie mit Jesus unterwegs waren, vieles mißverstanden haben, so sträuben sie sich auch jetzt, weil sie den Sinn nicht sehen, dagegen, daß sich Jesus gewissermaßen dem Tod weihen läßt.

Zugleich aber haben wir heute ein verheißungsvolles Wort gehört, das dem Widersacher Gottes das Ende ansagt: Dazu ist erschienen der Sohn Gottes, daß er die Werke des Teufels zerstöre.

Wenn wir nüchtern auf die Tatsachen sehen, dann wird niemand bestreiten, daß der Weg Jesu kläglich endete. Und wenn wir dagegen fragen, was mit den Werken des Teufels geschehen ist, so werden wir nicht einfach sagen können: "es ist vollbracht" - sie sind erledigt.

Wir sollten diese menschliche Sichtweise nicht von vorherein abwehren, liebe Gemeinde, sind wir doch auch nicht mehr als jene ersten Jünger, mit all ihrem Zweifel und all ihrer Enttäuschung!

Endete nicht all das hoffnungsvolle Tun Jesu in einer Kapitulation vor dem Bösen?

Und geht es uns in unserem Alltag nicht oft ebenso, daß unsere Freundlichkeit und Nächstenliebe allzu machtlos ist gegen Bosheit und Unrecht?

Wie lange halten wir diesen Weg der Nachfolge durch - und wohin führt er: uns sowohl als auch die, mit denen wir unterwegs sind?

Wo ist - bei aller Passion - hier die Aktion, das eigenverantwortliche, zugleich Gott gehorsame Tun?

Oder sind wir nur Zuschauer in einem himmlischen Drama, in welchem der Gottessohn durch seinen Opfertod das Böse bannt?

Gewiß, wir dürfen uns des letzendlichen Sieges über Tod und Teufel trösten, uns dem anschließen, was Luther in seinem berühmten Lied so formuliert hat: Und wenn die Welt voll Teufel wär und wollt uns gar verschlingen, so fürchten wir uns nicht so sehr, es soll uns doch gelingen. Der Fürst dieser Welt, wie saur er sich stellt, tut er uns doch nicht; das macht, er ist gericht'. Ein Wörtlein kann ihn fällen.

Aber ich frage mal: Wer spricht denn dieses Wort?

Oder, positiv gewendet, mit den Worten des Heidelberger Katechismus: Warum wirst du aber ein Christ genannt? Woraufhin er, unsere beiden Bibelstellen in Bezug setzend, antwortet: Weil ich durch den Glauben ein Glied Christi bin und dadurch an seiner Salbung Anteil habe, damit auch ich seinen Namen bekenne, mich ihm zu einem lebendigen Dankopfer hingebe und mit freiem Gewissen in diesem Leben gegen die Sünde und den Teufel streite und einst in Ewigkeit mit ihm über alle Geschöpfe herrsche.

Wir haben Anteil an seiner Salbung. Das scheint mir ein wichtiger Hinweis. Denken wir an die Priester und Könige des Alten Bundes, dann bedeutet Salbung ja nicht nur, wie hier, eine Vorwegnahme der Einbalsamierung, sondern ist Auftakt zu einem Handeln in Gottes Auftrag, ist der Beginn eines Mitwirkens an seinem Befreiungswerk.

Nun hat - ohne jede Einschränkung - Gott in Christus ohne unser Zutun unsere Erlösung gewirkt; allein aus Gnaden empfangen wir sie. Aber ist mit der Vergebung unserer individuellen Schuld Gottes Werk bereits vollbracht?

"Wir sind", schreibt ein afrikanischer Theologe, "meist so eifrig damit beschäftigt, Christus zu unserem persönlichen Retter und Erlöser zu machen, daß wir keine Zeit haben, uns mit dem Gebot der Nächstenliebe und dem, was daraus für unser Verhalten unseren Mitmenschen gegenüber folgt, zu befassen."

Und er berichtet von einem Gespräch, das er in Tennessee, im Süden der USA, mit einer Frau führte, die sich selbst als "evangelikal" bezeichnete: “Wir sprachen über Gott in der Geschichte und über unsere persönliche Erlösung. Sie erzählte mir alles darüber, wie Gott ihr persönlicher Erlöser und Heiland sei. Ich sagte ihr, ich sei bekümmert über die Neigung einiger Leute, sich zu sehr mit ihrer eigenen Erlösung zu befassen und dabei ihre christliche Verantwortung anderen gegenüber zu vernachlässigen. "Aber es ist eine persönliche Angelegenheit", antwortete sie. Ich sprach zu ihr von den großen Geboten, die Christus ausgesprochen hat und von seiner Frage an die Pharisäer und Sadduzäer: "Wie könnt ihr Gott lieben, den ihr nicht gesehen habt, und euren Bruder hassen, den ihr jeden Tag seht?" Darauf antwortete sie: "Aber der Heilige Geist muß mir die Kraft geben, jemand anderen zu lieben." Ich insistierte: "Aber Christus hat die Gottesliebe und die Menschenliebe in eins gesetzt."

"Nun, in dieser Auffassung stimmen wir nicht überein", sagte sie und zog sich zurück.

Was der Afrikaner nicht verstehen konnte, war, weshalb der Heilige Geist manchen Weißen die Kraft gibt, ihn als Afrikaner zu lieben, während er ihnen die gleiche Kraft verweigert, wenn es darum geht, ihren schwarzen Bruder im Nebenhaus zu lieben.

Was nützt uns die Kraft des Heiligen Geistes, durch die wir unserer Erlösung teilhaftig werden, wenn wir zu träge sind, sie auch zu gebrauchen?!

Die Schlußfolgerung des Theologen aus Kenia ist radikal: Ich glaube, daß die persönliche Erlösung bedeutungslos ist, wenn sie ohne Zusammenhang mit der Befreiung aller Menschen ist. Wir betrügen uns selbst, wir werden zu Heuchlern, wenn wir unseren Bruder hassen, verachten oder zurückweisen und trotzdem behaupten, Christus sei unser "persönlicher Erlöser". War nicht Christus selbst so sehr damit beschäftigt, andere zu retten, daß er darüber sei eigenes Leben verlor?

Ich sagte eingangs schon, daß eine eindeutige Antwort nicht leicht fällt.

Wer eine hat, der spreche: AMEN.

Karfreitag, 6. April 2007

Liebe Schwestern und Brüder,

ungewöhnlich ist heute nicht nur der Gottesdienstablauf in enger Anlehnung an den Entwurf im Gottesdienstbuch;

ich zumindest bin es auch nicht gewohnt, statt einer Bibelstelle einen anderen Text für die Predigt zugrunde zu legen.

Eben dies habe ich jetzt jedoch vor; den Text haben wir alle vor Augen - das Lied "Du schöner Lebensbaum des Paradieses", dessen erste Strophe wir gerade gesungen haben.

Ich gebe zu: Eigentlich hatte ich mir vorgenommen, im Paul-Gerhardt-Jahr einmal ganz weit über meinen Schatten zu springen und eines von seinen Liedern auszuwählen. Daß ich dies nun doch nicht verwirkliche, hat weniger damit zu tun, daß ich als Reformierter gewisse Vorbehalte gegen einen Amtsbruder habe, der sich der von oben verordneten Union zwischen Lutheranern und Reformierten verweigerte und es vorzog, in die Provinz zu gehen, als vielmehr damit, daß mir die Sprache und Frömmigkeit des Barock ebensowenig zusagen wie die Musik des 17. Jahrhunderts.

Erst vorgestern im Pfarrkonvent wurde einmal mehr zum Ausdruck gebracht, daß bestimmte theologische Aussagen früherer Zeiten heute kaum noch sagbar sind. Vielleicht sind sie singbar - wie Gerhardts "Ein Lämmlein geht" -, aber zum Nachbuchstabieren geeignet erscheinen sie etlichen Zeitgenossen nicht, die mehr und mehr ein Problem darin sehen, den Kreuzestod Jesu einzig und allein als Sühnopfer zu betrachten.

Wie sieht das nun in unserem Lied aus?

Der Grundton - musikalisch adäquat umgesetzt - ist freundlich. Das erste Bild, das wir betrachten dürfen, versetzt uns in den Garten Eden:

Du schöner Lebensbaum des Paradieses, gütiger Jesus, Gotteslamm auf Erden. Du bist der wahre Retter unsres Lebens, unser Befreier.

Viel seltener, als man vielleicht meinen möchte, greifen unsere Kirchenlieder auf das Alte Testament zurück. Und dort, wo sie es ausdrücklich tun - in den Psalmbearbeitungen zum Beispiel - wird meist der Nachdichtung noch ein Zusatz angefügt, der den christologischen oder ekklesiologischen Bezug verdeutlichen soll; einzig der Genfer Psalter kommt mit dem puren Wortlaut aus.

Das Paradies ist uns verschlossen. Die Menschheit hat die gesetzten Grenzen überschritten, sich am Baum der Erkenntnis des Guten und des Bösen vergriffen. Damit ist eine unüberbrückbare Distanz entstanden gegenüber Gott.

Doch nun steht auf einmal nicht mehr "der Cherub dafür", wie wir zu Weihnachten sangen, sondern der Baum des Lebens steht uns vor Augen in dem Kreuz von Golgatha. Aus den morschen Balken des Galgens wird sprießendes Grün. Im Tod Christi liegt der Keim neuen Lebens.

Das ist die Freiheit, zu der uns Gott befreit hat, wie er die Kinder Israel aus Ägypten geführt hat: Das Alte ist vergangen, ist abgestorben, hat keine Macht mehr über uns - wir sind entkommen.

Der wahre Retter unsres Lebens ist der, der uns mit seiner Güte begegnet, der nicht rechthaberisch, nicht machtvoll, nicht laut, sondern geduldig, sanft und stumm dort steht, wo wir es nicht aushalten - obwohl es unser Platz im Leben ist: mitten zwischen Menschen, die einander nicht die Butter aufs Brot gönnen, sich beneiden und verleumden und bekeifen und bekriegen.

Laßt uns nun die zweite Strophe singen!

Nur unseretwegen hattest du zu leiden, gingst an das Kreuz und trugst die Dornenkrone. Für unsre Sünden mußtest du bezahlen mit deinem Leben.

Das Lamm muß sterben, weil wir einen Sündenbock brauchen.

Hier ist sie also doch wieder, die Sühnopfertheologie, deren schärfste Ausprägung uns erklärt, daß Gott den Menschen für sein Aufbegehren gegen ihn bestrafen muß - über die Vertreibung aus dem Paradies hinaus -, daß aber kein Mensch imstande wäre, durch die Verbüßung dieser Strafe wahrhaftig Gottes Zorn zu besänftigen, so daß Gott nichts anders übrig blieb, als daß er selbst Mensch wird, nur um als Mensch den Zorn Gottes am Kreuz zu leiden und zu überwinden.

Daß es darüber hinaus auch andere Erklärungsmuster gibt, sei hier nur angedeutet, etwa:

- Gott leidet an der Welt, stirbt in ohnmächtiger Solidarität mit den Menschen.
- Jesus geht den Weg Gottes auf Erden bis hin zum Tod, um die Seinen *durch den Tod hindurch* zum ewigen Leben beim Vater zu "ziehen".
- der Gekreuzigte als "der" Mensch schlechthin, von Gott verlassen und von den Menschen verspottet.

Eingebettet in eine Vielfalt von Deutungen mag auch die Rede vom Sühnetod Christi ihr Recht haben.

Mir liegt in dem Zusammenhang aber viel daran, daß wir - wenn schon von "Büßen" und "Bezahlen" gesungen wird, von ***unserer*** Schuld die Rede ist, daß wir den Sündenbockgedanken, wenn schon, dann nicht historisieren und womöglich ganz schnell wieder bei denen anlangen, die als "Christusmörder" die mörderische Wut unserer Vorfahren zu hören und zu spüren bekamen.

Um *unseretwillen*, für unsere Sünden - *mußte* er nicht nur, *hat* er nicht nur, sondern **muß** er noch immer leiden, **wird** er Tag für Tag gekreuzigt, bespuckt, verhöhnt.

Ich meine: Nur wenn wir diese Dimension der Leidensgeschichte an uns heranlassen, *unseren eigenen Anteil* am Geschehen akzeptieren und bereit sind, die Verantwortung dafür zu übernehmen, zu bereuen und einen Neuanfang zu wagen, ist es überhaupt sinnvoll, das Leiden Christi zu besingen und den Karfreitag zu begehen.

In diesem Sinne laßt uns die nächsten beiden Strophen singen!

Lieber Herr Jesus, wandle uns von Grund auf, daß allen denen wir auch gern vergeben, die uns beleidigt, die uns Unrecht taten, selbst sich verfehlten.

Für diese alle wollen wir dich bitten, nach deinem Vorbild laut zum Vater flehen, daß wir mit allen Heilgen zu dir kommen in deinen Frieden.

Von der Übernahme der Schuld, für die Jesus büßt, ist es noch ein Schritt weiter bis zu dem Punkt, an dem wir uns jetzt befinden: Auf Augenhöhe mit dem Mann am Kreuz. Die Perspektive hat sich verändert, jetzt blicken wir mit dem Gekreuzigten auf die Menschen, die ihn begaffen und verhöhnen.

Und wenn denn tatsächlich durch unsere karfreitägliche Andacht etwas in Bewegung geraten sein sollte, dann dürften wir diesen teils sensationslüsternen, teils still hoffen- und leidenden Leuten gegenüber keinen Groll empfinden, sondern Mitleid: "Vergib ihnen, denn sie wissen nicht, was sie tun!"

Wir wissen ja selbst oft nicht, was wir tun oder *warum* wir etwas tun. Wir können uns so wenig wie anderen erklären, warum wir so reden und *so ganz anders* handeln. Warum wir - mit Paulus zu reden - das Gute, das wir tun wollen, versäumen, während wir das Schlechte, das wir vermeiden möchten, immer wieder praktizieren.

Es geht aber, wie es scheint, gar nicht um "richtig" oder "falsch". Das Gericht Gottes über uns ist GNADE und zielt auf VERSÖHNUNG, auf FRIEDEN.

Sind wir versöhnt mit Gott, weil er am Kreuz unseren Haß davonträgt, dann öffnet sich uns die Perspektive hin zu denen, die unversöhnt sind, vielleicht auch unversöhnlich: Für diese alle wollen wir dich bitten... Setze jeder hier ein, was ihm oder ihr vor Augen steht - und wir merken: Gerade an diesem Punkt wird es richtig schwer.

Ausgerechnet dort, wo unser Lied und die Karfreitagsbotschaft *besonders freundlich* werden, will es nur sehr schwer gelingen, daß wir uns im Geiste anschließen. Denn was müßte man da nicht alles für Feindschaften begraben, die uns manchmal schon seit Jahrzehnten begleiten und unser Leben mit geprägt haben?!

Was müßte man da an Feindbildern über Bord werfen, die nicht nur ein bequemes Denk-Schema darstellen, sondern - ich verweise auf die im Irak festgehaltenen deutschen Geiseln als ein Beispiel - uns tatsächlich begründet Angst machen. Wer nicht völlig naiv ist, der muß doch anerkennen, daß es in dieser Welt nun mal Feindschaft, Gewalt und Furcht gibt!

Ich denke, unser Lied widerspricht dem nicht. Aber Imre Pécseli Király, der Dichter dieser Zeilen, hat daran festhalten und auch uns darauf festlegen wollen, daß vom Kreuz Christi her nicht Zorn und Streit, sondern Versöhnung und Frieden das letzte Wort haben. Ihm nachfolgen, bringt grundsätzlich den Auftrag mit sich, für Gewaltlosigkeit und Fairneß einzutreten, selbst wenn man dafür Ablehnung erfährt, ausgepeitscht und an den Pranger gestellt wird.

Lassen Sie uns nun die vorletzte Strophe anstimmen!

Wenn sich die Tage unsres Lebens neigen, nimm unsren Geist, Herr, auf in deine Hände, daß wir zuletzt von hier getröstet scheiden, Lob auf den Lippen:

So wie der berühmte 22. Psalm "Mein Gott, mein Gott, warum hast du mich verlassen" am Ende kein *Verzweiflungsschrei*, sondern ein GLAUBENSBEKENNTNIS ist, so sollen auch unsere letzten Worte und Gedanken nicht von *Klage*, sondern von Lob und Dank geprägt sein.

Wenn sich die Tage unseres Lebens neigen, dann wohl in den allerseltensten Fällen als Martyrium. Gott sei Dank!

Und dennoch vermögen nicht viele loszulassen - und zwar, denke ich, nicht so sehr aus *Unersättlichkeit*, sondern aus Mangel an Vertrauen.

Selbst wer, biblisch gesprochen, "alt und lebenssatt" aus diesem Leben abberufen wird, nachdem ihm eine lange Frist gewährt wurde, braucht eine Zuversicht, daß all das, was man ge- und erlebt hat, alle Fehler und Versäumnisse gewiß auch, aber eben doch auch all das Schöne und Gute, das einem vergönnt war mitzuerleben, nicht ein für allemal verloren, vergangen, vorbei ist.

> Wir könnten Karfreitag nicht in Dankbarkeit begehen, sondern müßten verzweifeln ohne die Botschaft vom Ostersieg Gottes. Aber umgekehrt gäbe es kein Osterevangelium ohne den schwarzen Tag, an dem Jesus starb.

Daß Gott "ja" gesagt hat zu ihm und ihn aus dem Tod zum Leben wiedergebracht hat, ist das einzige, worauf wir uns verlassen können, aber auch verlassen **dürfen**, wenn unsere Tage sich dem Ende neigen.

Wenn wir - nicht erst in unserem letzten Stündlein - unseren Geist in Gottes Hand befehlen, dann können wir getrost leben, weil wir auch getrost sterben können in der Zuversicht, daß niemand uns zu trennen vermag von der Liebe Gottes, die in Jesus Christus, seinem Sohn, ist, wie der Apostel Paulus schreibt.

Oder - um dem guten alten Paul Gerhardt noch etwas zuzurufen, was ihm signalisieren mag, daß die Zeiten gegenseitiger Verketzerung vorüber sind - lassen Sie es mich mit den Worten der Frage 1 des Heidelberger Katechismus sagen:

WAS IST DEIN EINZIGER TROST IM LEBEN UND IM STERBEN? Daß ich mit Leib und Seele im Leben und im Sterben nicht mir, sondern meinem getreuen Heiland Jesus Christus gehöre. Er hat mit seinem teuren Blut für alle meine Sünden vollkommen bezahlt und mich aus aller Gewalt des Teufels erlöst; und er bewahrt mich so, daß ohne den Willen meines Vaters im Himmel kein Haar von meinem Haupt kann fallen, ja, daß mir alles zu meiner Seligkeit dienen muß. Darum macht er mich auch durch seinen Heiligen Geist des ewigen Lebens gewiß und von Herzen willig und bereit, ihm forthin zu leben.

Was sonst das AMEN nach der Predigt, das soll jetzt die gemeinsam gesungene letzte Strophe unseres Liedes sein:

Dank sei dem Vater, unsrem Gott im Himmel, er ist der Retter der verlornen Menschheit, hat uns erworben Frieden ohne Ende, ewige Freude.

Printed by Books on Demand GmbH, Norderstedt / Germany